青春之約。

二十一個青春期的男孩女孩
十四歲至二十歲
他們分成幾組
在完全不受父母掌控的自由時空裡
赤裸裸　坦蕩蕩　淋漓盡致地將屬於他們的青春
熱絡絡地先在我心田上寫了一遍

有淚　有笑　有激昂　有憤慨
我說　不會寫出他們
我又說　但又都是他們的故事
所以　他們都十分放心
因為　相信我
可以寫出看不出來的他們

這就是這本書的架構
我把他們的故事
他們朋友的朋友的故事
我身邊朋友的朋友的故事
穿插寫成了四十個青春的故事
每個故事都似乎有別人和自己的影子

Just a Process

這些居住在美國
來自各個不同地方的孩子
他們正走在最前端
所有青春叛逆風暴的痕跡
都將會是其他國家青少年日後爭相模仿的對象

因此　如果
能在這裡　就學會了專心仰望上帝
青春　可以像彩虹一樣繽紛燦爛
因為　那是
上帝
與青春所立的約

黃芝婷

你可以擁有幸福 智慧書系列7

愛是最短的道路

Love Is The Shortest Way

■親子教育的幸福指南■

黃芝婷 Cecilia Chiam 著

目錄

Part 2 ♥ 成 長

Part 3 ♥ 重 整

＊本書聖經經文係引用自國際聖經協會出版的「和合本－新國際版」標準本（1998）。

序1

按聖經原則 處理問題

青春期是一個美好的年齡，生命想要綻放，夢想想要發揚，心中想要離開父母獨立，渴望屬於某一個團體，急切想要發展人際關係。家有青少年，可能是許多為人父母者的夢魘，因為這個階段的孩子生理上急速發育，在乎外貌；心理上既期待獨立又十分敏感，在乎同儕。

這個時候作為父母者的教養觀念很重要，父母是想要控制孩子，讓他順著自己的意思走？還是想要協助他發展，掌握關鍵的青少年期，發展出獨立自主，具備解決問題的能力？多數家長的心情一定會選擇後者，但是實際上的作為卻又可能是前者。父母需要學習，多少衝突就是因為沒有學習，不知道用對的方法來處理。關係永遠大於輸贏，不要在家人關係中爭你輸我贏。

你怎麼想，影響你怎麼看孩子，也牽動著你與孩子的關係。如果你想要控制孩子，你所想的便是如何限制他的行為，不讓他闖禍，這是逆著人類發展的歷程的，因為這個階段的孩子就是想要發展能力，證明自己，限制他反而會阻礙他的發展。

如果想要協助孩子發展，就會問自己以下問題，我該怎麼做，好幫助他發展？我該怎麼做才能贏得他的尊重，讓他願意將他的事跟我分享？在〈我的祕密武器〉、〈我在聽你，用心〉等許多篇章所舉的事件，家長們都透過改變觀念，重新贏回親密的關係。

在教養的歷程中，最關鍵的事是如何幫助孩子建立孩子正確的生命信念，透過父母的管教，他會更有自信，更懂得與人相處？還是變的更自卑，更不知道人生方向？人類發展學的大師Erikson在他的發展理論中談到青少年時，認為青少年這個階段的社會心理危機是自我認同和角色的混淆，其中最核心的是自我肯定或自我否定；如果發展的好，他們能產生內外一致性的感受，而且對未來生涯發展有信心；如果發展的不好，則會產生對自我角色的緊張、不認同，甚至覺得虛假。

芝婷姐妹很用心地寫了一本很適合家有青少年的父母閱讀的好書，每一篇文章都由一個生動的故事開始，讓人容易理解。故事的人物間有衝突，有挑戰，有問題要面對，這些問題的場景可能出現在許多讀者的生活中，或是場景雖然不同，但問題的型態卻隱約呈現在故事中，因此很吸引人忍不住地往下看。

故事中的角色用聖經的原則來處理問題，是整本書最關鍵之處。聖經的原則不只在親子教育議題上切用，更是我們人生大小問題的解決方案，耶穌說：**「聽見我的命令就去遵行的，就是愛我。愛我的必蒙我父愛他，我也要愛他，並且要向他顯現」**。將聖經的原則應用在生活上，就是愛耶穌，讓讀者學習教養的過程中，也同時學習實踐耶穌的信念，真是一舉多得。透過聖經的原則幫助孩子建立良好的生命信念，是給孩子最大的祝福。書中另一個特點是每一篇文章末了的【芝心婷語】，作者提綱契領，精簡扼要地幫助讀者歸納出聖經中教養的原則，很有畫龍點睛的效果。

按著聖經的原則去行，初期可能不一定馬上應驗，如果問題解決，那是恩典，如果問題更惡化，那是加倍的恩典，只要堅定持守聖經的原則，照著做，必然經歷改變。上帝應許我們：聽見就去行，上帝要向你顯現，試試看吧！

陳進隆

台灣彩虹愛家生命教育協會

創辦人/秘書長

序2

憑主愛　得享天倫之愛

蒙邀為黃芝婷姐妹就新書《愛是最短的道路》寫序，要感謝主。

農曆壬辰歲末（2013年2月1日）、臘鼓頻催，正為迎癸巳新年而忙碌。這天接到江志海牧師的電話，說老朋友詹斯民從美國返馬探親，受邀在長老會蒲種堂會分享。他很想與我會面。斯民與我於上世紀，曾先後在吉隆坡〈麗的呼聲〉工作，後來分別在不同電台服務，屬君子之交。1990年代他赴美高就。通過黃芝婷在報章的專欄，知道她與斯民結合、以及斯民的一些訊息。如今斯民回鄉傳播福音，難得他還記起我，心感歡愉，欣然赴會，也同時與心儀作家黃芝婷見面。

我與芝婷姐妹素昧平生，各居於地球上東、西方。然而，因著主的寶血把我倆連接一起，成為主內姐妹，也因同享主的恩賜，以文字傳揚主愛；更因著同受聖靈感動，對末世前、日光之下的亂象特別關注，尤以倫理、親子關係最為焦慮。因此，當斯民提出要我為《愛是最短的道路》寫序時，我排除了本身能力、以及時間急促等因素，就答應了！

親子教育，自古以來，深受舉世重視。東方（尤其華裔）一向遵循儒家思想，把親子教育的責任交託在「人」的肩上。所謂「生不教，父之過；教不嚴，師之惰。」華人經典如：孔子《論語》、曾子的《孝經》、孟子的《三字經》、李毓秀等的《弟子規》、司馬光的《家範》、諸葛亮的《誡子書》等，都強調孝道，要求子女對父母one way traffic 的孝順。在五倫中總算提出了「父慈，子孝」的相對要求。而各家學說對「孝」字的詮釋，也各涵其義。這些以人為本的古舊經典中親子教育的方式，在時間與空間日新月異的衝擊下，部分尚經得起考驗，但部分已不能應付當前世代親子關係的錯綜複雜問題了！

尤以二十世紀中期以還，傳媒資訊發達，西風很快傳到東方。而至二十一世紀，E 時代形成了地球村，西方社會發生的嚴峻親子關係問題，可能轉瞬出現於其他國家，而成為天下父母極大的困擾。

芝婷秉著基督徒對本課題的關心和負擔，不辭勞苦探討在美國居住的華裔家庭的親子關係，並以創新，也是艱辛的、費時費勁的方式，為這些問題尋求答案。芝婷把難題帶到上帝面前，惟靠上主的指導。書裡的個案，發生在美國，即使美國和我國的國情不同，文化、傳統有異，但人性的弱點是一樣的，天父所提出的訓誨，必然能為四海五洲的子民解困。我特別欣賞芝婷的慧眼，那份尊主為大，以神為本的灼見和誠心。因此，儘管百忙之中，我卻以全神專注的心態來閱讀《愛》裡的四十個故事，因為體會到芝婷的勞苦。

是的，人的問題，非人類有限的智慧可以解答；固然，神當初囑咐人類生養時，就授給人類教養兒女的任命。但，父母不算是愛的源頭。生命與愛的源頭來自創世的天父。因此，人的問題，仍靠天父教誨才能克服。神的話語《聖經》包涵了人類需要的一切問題的答案。

芝婷在本書裡引用了一百一十六則聖經章節，為當今世代的青少年的心靈、成長、挑戰、誘惑尋找答案，內容充實，值得讀者細心閱讀體會。我只特別提出一篇〈因為我還有你〉（「重整篇」）。故事中表揚我基督教徒主內一家，及愛人如己的獨特精神。這個案中講述教會裡的長老，如何幫助一位姐妹（單親媽媽）教導她叛逆的孩子回頭的經歷，體現了主耶穌在臨終前囑咐門徒照顧母親；也告訴母親把門徒當兒子。這「主內一家」的大愛精神，在我基督肢體間，最為彰顯、發揚。（約翰福音19:26-27）

芝婷蕙質蘭心，為在困擾中的父母們，帶來亮光，切實地體現了作光、作鹽的本分。我也為了在這事工上有份作微小的參與而感恩。

願讀者能踏上這「最短的道路」，憑主大愛、大智，得享天倫之愛樂融融！

黃兼博AMN
馬來西亞廣播界第一女性　馬來西亞華文女作家
2013年2月19日　吉隆坡

序3

心之所在　愛之所在

「將心歸家」是多年來關切家庭議題人士，大聲呼籲、極力鼓吹的標語。

現代的父母與兒女，受到現實生活環境與條件嚴苛的挑戰與考驗，多數忙於工作、課業、家事、各式各樣活動，精力與時間早已消耗殆盡，面對最親近的家人時，已是奄奄一息、疲憊不堪，甚至是百般不耐；根本談不上「享受」親子之樂、夫妻之愛。

過於忙碌，實在是現代人極嚴酷的試驗與陷阱。

到底你想要的是什麼呢？你汲汲營營所追求的是什麼呢？你人生的優先次序是如何排列的呢？

停下來想一下吧！

你老闆要你拼命、甚至賣命、賠命攏上的是什麼？又換來什麼呢？你是否在這一買一賣的過程中，「得不償失」呢？

《聖經》馬太福音6:21說：**「因為你的財寶在哪裡，你的心也在那裡。」**，當然，上帝應當永遠是我們人生的中心！但是，除此之外，若是你的家人、配偶，或你的兒女，是你今生所看重的

「寶貝」，你的心放在他們身上有多少呢？是「常在心上」亦或是「偶爾想到」呢？

你如果真的視他們為寶為貴，相信你的心一定常常在他們身上，你一定會時刻關心他們的一舉一動，積極主動地參與在他們的生活裡面，花時間與他們共處一室、互相談心，並且想方設法地來認識他們、了解他們、愛護他們。

我深深地相信：「愛神並愛家」，是人生中最上算且穩賺不賠的投資。

芝婷的新作《愛是最短的道路》【你可以擁有幸福—智慧書系列】，指引出一條親子教育最短的路，就是愛。有愛就柔，就不苛。有愛就能忍耐，就能在等待中懷有盼望。愛的深刻，愛的有智慧，愛的有感染力，可以改變一個人的生命，帶出意想不到的、無價的正向影響。

青少年期，是人生中一段非常重要也變數難測的階段。幫助父母了解您正值青春期的兒女，與他們建立通暢的溝通對話渠道，養育健康快樂敬畏神的兒女，相信不單是本書作者的用心與祈禱，更是我們為人師、為人父母責無旁貸的天職。

祝福閱讀此書的讀者，都能樂在你的親子之愛中，享受教養兒女無窮盡的樂趣，學習成為一位更稱職的父母。

祝願　你親子的關係蒙上帝大大的祝福！

葛國光牧師

2013年春

寫於美國洛杉磯靈糧教會

序4

都因有上帝介入

作者芝婷透過四十個真實劇情，四十個真實場景，四十個真實家庭的真實故事刻劃出現代父母與青少年之間的緊張、不安、各樣的問題，諸如：孩子離家、單親子女、說教的父母、說謊的孩子、青春期憂鬱症……，每一個故事是如此鮮活，熟悉地在你我周圍進行著！

在教會裡看到許多父母因此而走進教會，也是因此而帶孩子進入教會，這四十個真實故事或說是真實的Case，無疑地提供了父母最佳的「教戰手冊」，也無疑地見證了「愛」是一切問題的答案，但此「愛」從何而來？這四十個家庭中青少年的問題，都因有上帝介入、有上帝的愛、上帝的能力改變了父母，也改變了青春期所謂的「問題少年」。

全書用五個主題單元貫穿，一一呈現青春少年的心理、身體、靈魂的改變與需要。這本書幫助我們更深地瞭解父母應如何與孩子相處和對話，也激勵教會牧長需積極參與。書中每篇結尾【芝心婷語】能幫助你反覆思想！

「心靈篇」—用「心」聽孩子說話，知道他的夢想進入他的內心世界，帶領孩子認識神、相信神、經歷神，因為「惟有在上帝的生命裡頭，孩子才能找到自己永恆的定位」。

「成長篇」—提醒不僅孩子必須成長，父母也需要不斷學習成長、成熟。

「重整篇」—「不作完美父母」、「不斷學習新知識」、「更加殷勤禱告」、「父母以身作則」、「改變從父母做起」。

「誘惑篇」—了解孩子成長過程中有憤怒的靈，教導孩子設立「界限」，不被世界暴力、色情文化透過電影、電視、電玩、網絡洗腦吞食。教導孩子「犯錯不等於失敗」，孩子「能說出來就有出路」。

「禱告篇」—「當人出了問題時要回到造人的上帝面前，惟有祂能解決一切的問題」、「作禱告的父母，用雙膝為孩子爭戰」。

書中「重整篇」說到：「夢起飛的地方，如果以愛為出發點就能美夢成真，因為上帝就是愛。從祂起首，結局也必然充滿愛。」孩子都是父母的夢，邀請你一起來讀此書。讓我們、我們的家、我們的孩子都走在幸福的道路上！

愛是邁向幸福最短的道路！

羅敏慧師母
台灣台北合一基督教會
寫於主後2013年2月20日

序5

因耶穌而改變

有關青少年人的書不少，其中「説教式」的很多，但像芝婷將身邊聽到的、看到的事件，以生動的故事展現的就不多。

這些故事可讀性高，容易閱讀且讓你想一口氣讀完它，不單文字通暢，內容也好。在四十個故事中，讀者總能在其中找到自己，看到自己，並且讓人尋求突破自己。

例如，一位嚴父聽見主的話説：「在你們中間，誰願為首，就必作眾人的僕人……。」牧師進一步解釋説：「父親為『一家之主』，就是要作妻子兒女的僕人，服侍他們。」這種要一家之主卑微像僕人般，服侍妻兒的説法，推翻了他整個以往的觀念與想法，結果……讓他經歷了父子間像朋友般，從未有過的親密關係。

這本書的另一個特點，就是提供後現代的父母了解他們青春期的孩子的想法，還有他們的生活形態等。了解他們不是為了改變他們，而是知道如何改變自己去跟孩子們建立美好的關係。

今日不少的家庭問題，是出於企圖去改變對方，我們想改變孩子、改變丈夫、改變妻子、改變婆婆、改變媳婦……，就惟獨自己什麼都不用改變。大多數的人都認為問題不是出於自己，而是出在別人的身上，所以應該改變的是對方，而不是自己，因為大家都自認自己是「好人」，所以誰都不需要作任何的改變。大家都把矛頭指向對方，結果矛盾就愈來愈大！

若父母願意改變，孩子也願意改變，這都是基於耶穌福音信仰的要求，我們都承認我們是「罪人」，結果這個家就會愈變愈好，愈改愈和諧，這正是本書的最終目的！

蘇立忠
新加坡生命堂主理牧師
三一神學院客座講師

自序

上帝愛的印記

2004年，我出版散文集《你值多少？》書中收錄了一篇〈你的青春踩在我心尖上〉的文章，文中描述：「青春期的孩子，面對外面繽紛多姿的世界時，他們的心都裝上了羽翼，他們躍躍欲試，堅持飛向燦爛的雲天，他們一飛，我們就冷；他們每摔一次，都摔在我們心尖上。」

那時，兒子才十二歲，正要進入青春期。我更信誓旦旦宣告描述：「我和先生對兒子說，不要因為所有的人和書上都說青春叛逆，將來你到了那年紀就必須叛逆。我們已有足夠的智慧和知識，預備面對好一個不一樣的青春歲月。」

然而，當兒子的「青春期」真實臨到時，我不得不說，若不是倚靠上帝，縱有再多的智慧、知識和早已預備好的心，仍會潰不成軍。

當上帝造人時，到底在「青春期」，加入了什麼「元素」、「細胞」，或叛逆的「基因」，使得這階段特別艱難。是不是這些「元素」、「細胞」，或「基因」，一定必須要這樣發展，沒有其他的路可以走呢？我記得在懷兒子時，我亦是以這樣好奇心態去迎接產痛，我清醒、甚至很喜悅地去經歷「生產之痛」，凡出於上帝做在我們裡面的，我都願意去經歷祂創造的奇妙。

而「青春期」正是孩子們，從幼年要蛻變為成人，所必經「成長之痛」的一個過程。

世間有多少父母，因孩子青春期時，未處理好彼此間破裂關係，以至於，孩子成家立業後，彼此不相往來。這是永遠的痛！因此，「青春期」絕對是孩子將來一生，會與父母有何等親密或疏遠關係的關鍵時期。而那些始終堅定倚靠上帝的父母，他們的兒女都如《聖經》所言：**「我們的兒子從幼年好像樹栽子長大；我們的女兒如同殿角石，是按建宮的樣式鑿成的。」**一生蒙上帝所喜悅的樣式成長。

2012年1月，我出版《你可以擁有幸福，因為你值得》一書，與先生到各教會分享時，有牧師、同工及出版社要求我撰寫一本「親子教育」的書籍，因為教會非常需要。經過禱告後，我們採訪了二十一名青少年。因著他們毫無保留，全然敞開地參與，才有了這本書。

此書不以坊間一般心理學或輔導專家的角度撰寫，乃完全依照《聖經》教導，把一個個親子教育問題，帶到上帝面前，由這位造人的上帝親自來解決，不用人的話語及世界的辦法。全書共引用了一百一十六則《聖經》章節。於信主或不信主的家庭，都指引出一條最短、最正確及有盼望的道路。

此書書名《愛是最短的道路》，其中「道」字，是虛字，原可以去掉；然而《聖經》說：「**太初有道，道與上帝同在，道就是上帝。**」耶穌亦說：「**我就是道路、真理、生命。**」因此，此「道路」，乃「永生之道」。不只要解決親子間一時之關係，更要改變其生命，把他們的一生，帶到永生上帝的道路上。

當我們都在這條道路上，遇見那位賜生命的上帝時，才會知道要多麼感恩，「青春風暴期」的種種磨難，正是「上帝愛我們的印記」，一代又一代，深深戳印在我們生命裡。

在屬靈生命的道路上，我們都如同青春叛逆期的孩子，上帝要我們往東，我們偏要往西，我們一樣踩在祂心尖上，讓祂心痛心碎，很久都不肯回頭，甚至至今都還未回頭，就又匆匆地為人父母。以至於，我們一敗塗地，步步艱難。

然而我們終於看見了上帝的心意，正因著孩子的叛逆，那種血脈切膚之痛，我們才學會了愛父母、愛人、愛教會；學會了倚靠認識上帝永不改變的愛。

不管今天我們的孩子到了什麼年紀，只要牢牢記住和相信：「愛是最短的道路」，永遠不會太遲，到上帝面前尋求祂的幫助，在祂沒有難成的事！

感謝上帝！感謝二十一位接受訪問的青少年；感謝陳進隆秘書長、黃兼博大姐、葛國光牧師、羅敏慧師母及蘇立忠牧師，為此書著序，在主裡一起背書見證，上帝的愛永遠是信實的，及祂的話語句句帶著力量；感謝江志海牧師，及「救恩之聲」林懿文主任、余明照總幹事的萬事互相效力，叫愛上帝的人得益處；感謝我們的屬靈導師、父母、家人及主內親愛的弟兄姐妹們的代禱。

願此書帶著上帝的平安與祝福，臨到每一個祂所愛的家庭，使撒但仇敵羞愧並拆毀其堅固的營壘！

黃芝婷

耶路撒冷啊，你要頌讚耶和華！
錫安哪，你要讚美你的上帝！
因為他堅固了你的門閂，
賜福給你中間的兒女。

詩篇147:12-13

Part 1

心靈

1 我在聽你，用心

人物

父親
母親：艾琳
兒子：皓皓
皓皓的同學：小雪
教會長老

早晨出門上班前，艾琳又和十六歲的兒子皓皓大吵了一頓。她從不能和皓皓好好談過一次話。大部分的時候她都是在尖叫，不是在說話。所有的談話，最後都是以爭吵結束。而皓皓所有叛逆行為的總和，都只是為了要激怒她，讓她更加狂怒：

「妳少管我！」

「妳少囉嗦！」

「妳滾啦！」

一句句暴怒的話吼出後，她只能摀住快承受不住的心臟，用顫抖的聲音尖吼：

「你是不是要氣死我，氣死我你就開心，沒人管你養你了，是不是！」

一次又一次，痛心的話落下後，她才意識到她快要失去她的皓皓了！

可是怎麼可以，怎麼會呢，她不是全心全意愛他嗎？她所有的努力和辛勞不都是為他嗎？自從她兩次流產後，她所有的希望都在他身上啊！

午餐時，她去星巴克咖啡館，點了咖啡和三明治，一個年輕女孩和她打招呼，是皓皓補習班的同學小雪。小雪說今天老師請假不必上課，她在這裡用電腦做功課。小雪不介意艾琳和她一起坐。

艾琳把心中的傷痛都告訴她。

小雪說：

「這沒什麼奇怪啊，我和父母也經常吵架爭辯啊！」

她說：

「他們永遠沒時間聽我說話，每次我才起了頭，他們人已經走掉了。要不就是一開口，就教訓、命令、批評、責罵我。口裡常說開明、要溝通，其實從沒把我的話聽進去。就算聽了，也是用腦，不是用心，所以最後還不是又趁機訓了我一頓。所以後來我都不跟他們說話了。因為他們其實不是要聽我心裡的話，而是想聽我說出，他們心裡想要聽的話！」

用「心」聽他說話

這席話，震撼了艾琳。回家後，她終於明白她和丈夫都錯在哪兒？皓皓需要父母用「心」聽他說話，傾聽他的心聲和夢想，走進他的世界，分擔他的情緒。尤其丈夫經常出差，她更需要忘記自己的年齡，成為他心中的好朋友。

於是，她做了許多努力和嚐試。起初很艱難，似乎適得其反，每況愈下。

直到有一天，她和教會長老提起這事，長老說：

「《聖經》也說：上帝把以色列人從埃及地領出來，無奈祂的民不聽祂的聲音；以色列全不理祂。」[1]

他說：

「很多時候，我們也不聽上帝的話，祂說了一次、兩次[2]、許多次，我們還是不聽，更何況是我們的孩子！」

於是艾琳有了更深的明白，她和丈夫必須先學會順服，傾聽上帝的話語，皓皓才會聽她的話語，她也才能用上帝的愛和耐心來傾聽皓皓。她把先後次序弄反了，以至於徒勞無功，精疲力盡。

建立第三個「親密空間」

果然皓皓的心漸漸柔軟了。因為她只用一種語言，就是「愛的語言」，慢慢就從皓皓私密的心靈空間，及他們夫婦心靈的空間之外，又建立起了溝通的第三個「親密空間」。

許多年後，當有人問她：

「怎麼樣才能和青春期的孩子溝通呢？他們暴怒異常、陰晴不定，不是吵翻天，就是不聽也不說，他們到底想怎麼樣呢？」

她總會說：

「不要再跟孩子吵了，每個父母都能快樂面對青春期的孩子。你只要用『心』把孩子的話聽進去，再忙都要和他聊天，不打斷、質問、命令、冷嘲熱諷、潑冷水，就能走進他內心的城堡。你是在跟他交心，不是在教訓他。你可以作個溫暖的父母，對他說：『我答應你，這輩子都要和你談心喔！』

「你還要讓他知道，任何時候，你都在聽他，用心；你明白他，也在乎他。更重要的是，你要永遠作個肯用『心』，傾聽上帝話語的父母！」

註：

1 參閱詩篇 81:10-11

2 參閱約伯記 33:14

【芝心婷語】

- 用「心」聽孩子說話。
- 父母有時要忘記自己的年齡，才能成為孩子心中的好朋友。
- 「愛的語言」，能從孩子的心靈空間，及父母的心靈空間之外，建立起溝通的第三個「親密空間」。
- 不打斷、質問、命令、冷嘲熱諷、潑冷水，才能走進孩子內心的城堡。
- 傾聽，是跟孩子交心，不是教訓孩子。
- 再忙都要和孩子聊天，這輩子都要和孩子談心。
- 永遠作個肯用「心」，傾聽上帝話語的父母。

2 祝福是一輩子的事

人物

父親：唐	唐的同學：J 夫婦	美國宣教士夫婦
母親：雪倫	J 的兒子	
兒子	J 的女兒	

唐送給雪倫結婚十七週年紀念日的禮物，就是帶她去旅行。他們的行程是從紐約、洛杉磯、台灣、香港，再回到紐約。

整個旅程都很完美暢快，只除了臨出門到機場前，唐又對著搞丟工具箱，弄壞相機，偷拆掉他舊車零件的十五歲兒子大吼：

「你這混帳東西，你生來就是個破壞份子，惹麻煩的傢伙！」

讓他偶爾想起，還會怒火中燒。

洛杉磯的旅程結束後，唐以前的大學同學J，接待他們到他家住兩天。

J 有一對兒女，兒子和他們兒子同年，女兒十三歲。在 J 家住的這兩天，唐發現他的兒女都很自卑，對未來很迷網，毫無人生目標和憧憬。在難得單獨與他的兒女對話中，唐似乎感受到他們心中的失落和自暴自棄。

J的兒子說：

「反正我父母早就看準，以後我進不了什麼好大學。我的成績這麼爛，給他們很沒面子。他們為此大吵大鬧，指著對方吼：『都是你的壞基因，什麼人就會生出什麼樣的兒子來！』他們吵翻天也沒用，又不是我自己要來到這世界！最令我傷心的是，他們總是罵：『你這沒出息的東西！你看你這副德性，能有什麼前途！』反正，他們都看死我了，我又何必再多做努力！」

J的女兒則說：

「每次我父母吵架時，我母親都會流淚喊：『若不是因為你們，我早就離開這個家了！都是為了你們，為了你們，偏偏你們沒一個有長進有出息的！』有時我常會想，如果沒有我和哥哥，如果我們都死了，在這世界上消失了，他們就不會再吵架了！」

這是個沒有歡樂的家庭。為什麼會這樣呢？唐沒有答案。

他似乎看見J他們夫婦為這家付出了一切，然而卻毫無指望和盼望。而他內心裡，卻隱約感到內疚，當J的兒子說，父親常罵他：

「你這沒出息的東西！你看你這副德性，能有什麼前途！」

不也是他常罵兒子的話嗎？相差無幾，如出一轍！

說造就和祝福的話

直到旅途的最後一站在香港，要離開的前兩天，他們住在一對美國宣教士夫婦家裡，和他們提起J家裡的事。

宣教士的妻子說：

「我們有兩個黑人孩子，一男一女都是領養的。他們小時候在學校裡常被同學嘲笑欺負，笑他們是白人收養，沒人要的棄嬰。他們幾乎天天哭著回家，甚至不肯再上學。我每天為他們禱告，用《聖經》的話語教導他們。告訴他們：『你們絕不是棄嬰，不但有我們愛你們，還有上帝一直看顧保守你們。祂愛你們，祂要你們快樂。你們是祂獨特的創造，是祂的最愛。』

「後來，慢慢地，愛，使他們的自尊心增長。現在他們都長大成家了，成為上帝重用的僕人。一句話，可以造就一個孩子，也可以毀掉或逼死一個孩子。《聖經》說：『說話浮躁的，如刀刺人；智慧人的舌頭卻為醫人的良藥。』[1] 我們作父母的要謹守我們的口，只說造就和祝福的話。你如果一直說孩子怎麼這麼笨，這麼沒出息！說多了，說久了，孩子就可能真的會成為那樣的人。因為他們會想，連我最愛的人都瞧不起我，我還有什麼希望呢？

快樂面對破壞與麻煩

「《聖經》還說：『心裡所充滿的，口裡就說出來』[2] 我們怎麼想怎麼說，就會成為怎樣的人。我們也要祈求上帝幫助謹守孩子的口，教導他們不想不說：『如果沒有我，如果我死了，如果我消失在世界上！』諸如此類消極、沒有生命的話。因為說多了，仇敵就會擄獲他們的心，使它成為可怕的事實。父母是一輩子的事，祝福孩子，更是一輩子的事。」

回到家後，唐破天荒給兒子一個大大的擁抱，那是自從兒子進入叛逆青春期後，幾乎被他遺忘的。

兒子有些驚愣，但很快就歡喜地回應了他的擁抱。

結婚十七週年紀念日最佳的禮物，就是從此他學會了，快樂地面對他的破壞份子及麻煩的傢伙。而且開始祝福自己的孩子，永遠也不會太遲！

註：

1 箴言 12:18

2 馬太福音 12:34

【芝心婷語】

- ❤用《聖經》的話語教導孩子。
- ❤告訴孩子：「上帝愛你，祂要你快樂。你是祂獨特的創造，是祂的最愛。」
- ❤一句話，可以造就一個孩子，也可以毀掉或逼死一個孩子。
- ❤父母當謹守口舌，只說造就和祝福的話。
- ❤教導孩子，不想不說：「如果沒有我，如果我死了，如果我消失在世界上！」諸如此類消極、沒有生命的話。
- ❤祝福孩子，是一輩子的事，祝福孩子，永遠不會太遲。

3 被拒絕的生命

人物

父親	女兒	孤兒院院長夫婦
母親：羅姍	兒子：迪恩	

迪恩把自己關在房間裡已幾個小時了。終於他願意和羅姍說話了。今天學校打電話來說，迪恩在學校有暴力行為，踢翻學校的桌椅、垃圾桶，吼髒話，還推倒一位男同學。

羅姍說：

「我知道我們新搬來這城市不久，要適應新環境和學校，對你來說有些困難，尤其是高中生都很需要同伴。媽真的非常了解你的心情。」

她不提今天的事，說：

「有一個小男孩，他長的其貌不揚、身材矮小，常成為別人的笑柄。從小沒有人喜歡他。她的母親遺棄他，他的父親嫌棄他，把他送給姑媽撫養。不幸的是，姑媽車禍過世了，他八歲時被送到一家基督教的孤兒院。

「院裡的小孩都嘲笑他的長相，沒有人願意和他一起做功課，一起玩兒。他常常獨自一人躲在角落裡，暗自哭泣。有一天，他終於忍不住了，拼命用頭去撞牆，撞得頭破血流，哭喊著他不想活了。後來他被送到醫院去治療，孤兒院的院長查明這事後，把他帶回家住。從那天開始，院長夫婦每天教導他和他們五歲的女兒，一起讀經、禱告、做功課。

我以永遠的愛愛你

「有一天，他在《聖經》裡讀到：『婦人焉能忘記她吃奶的嬰孩，不憐恤她所生的兒子？即或有忘記的，我卻不忘記你。』[1]、『我以永遠的愛愛你』[2]及『我父母離棄我，耶和華必收留我。』[3]他突然衝進去厠所，在裡面嚎啕大哭，哭了好久才紅腫著眼睛出來。

「院長夫人抱著他說：『傻孩子，上帝愛你，祂的愛永遠不離不棄。只有撒但、魔鬼才會欺哄你：『我很醜、我很矮、我沒有一樣是好的，沒有人愛我，我生下來，就是被所有人拒絕的，我是一個沒有人愛、沒有人要的人！』

「這些統統都是撒但的謊言！你要拒絕這些謊言，堅定相信你是屬上帝的。惟有更多認識上帝，你才會更多認識自己、肯定自己。否則，你未來的人生，就會一直生活在被別人拒絕的陰影和痛苦裡。」

羅姍對迪恩說：

「後來這小男孩，慢慢在上帝的生命裡頭，找到自己永恆的地位，再也不怕別人恥笑、拒絕了。這小男孩就是你父親，我就是院長夫婦的女兒。我愛你父親，我覺得他很棒。你和你姊姊也很棒，我深深地愛你們。」

仇恨和邪惡的毒根

迪恩有些感動又難過地說：

「但姊姊長得像妳，漂亮、學業、才藝樣樣都好，我長得像父親，矮小又醜樣，同學都討厭、拒絕我。他們用各種方法想要激怒我、陷害我，讓我出洋相。」

羅姍溫柔地對他說：

「如果你實在不喜歡這學校，我叫你父親，明天去學校幫你辦轉學，轉到私立學校如何？」

迪恩想了想說：

「我還想再試試看，私立學校太貴了，再說父親從不去我學校，我覺得他一點都不關心我。」

羅姍笑著說：

「你還記不記得，你讀幼稚園時，有一天你父親去接你下課，你對他又喊又罵，說他長得醜，不要他去學校接你，說同學都會笑你，所以他就不再去你學校了。」

迪恩想了想，似乎有這段模糊的記憶。難怪父親連他小學、中學的畢業典禮都不參加。

羅姍接著說：

「你父親一點也不生氣，他覺得你還沒有預備好，在同學面前接受他是你父親。他深深明白被拒絕後的傷痛，他不要你經歷同樣的痛。被『拒絕』是所有仇恨和邪惡的毒根，學校或社會，會發生集體槍殺事件，都是因為肇事者長久被拒絕，深受傷害的結果。

「你要記住，上帝愛你，要常在祂的愛裡大聲宣告：『上帝愛我，父母姊姊愛我，老師同學愛我，所有人都愛我。其他負面被拒絕的聲音，都是撒但的謊言！』」

幾天後，迪恩告訴羅姍：

「下一季的家長會，我要妳和父親一起來學校。我和父親長得就像一個模子印出來的，我若不先接受他，就永遠不能完全接受我自己。」

羅姍笑了，她知道上帝終於回應了她長久多年來的禱告！

註：

1 以賽亞書 49:15

2 耶利米書 31:3

3 詩篇 27:10

【芝心婷語】

- 更多認識上帝，孩子才會更多認識自己、肯定自己。
- 惟有在上帝的生命裡頭，孩子才能找到自己永恆的地位。
- 被「拒絕」是所有仇恨和邪惡的毒根。
- 教導孩子，常在上帝的愛裡宣告：「上帝愛我，父母愛我，所有的人都愛我！」
- 教導孩子，所有負面被拒絕的聲音，都是撒但的謊言！

4 妮妮的日記

人物

母親：靜秋　　　　隔壁老奶奶

女兒：妮妮　　　　靜秋的老闆

妮妮的同學：豆豆、丫丫、王子、貓頭鷹、飛機頭

靜秋幫女兒妮妮收拾房間，零亂的被褥間，妮妮的日記本攤開著，上面寫著：

「哇，真是太酷了！今天是我們『草莓六人組』大有收穫的日子。豆豆偷了一隻名錶，丫丫偷了一副太陽眼鏡，王子偷了一只打火機，貓頭鷹偷了一件襯衫，飛機頭最酷了，偷了一部腳踏車，我則偷了一對耳環和一條皮帶。

「我們的膽子愈來愈大，以前行竊時還會手顫腿軟，現在個個都氣定神閒，嚼著草莓口香糖，眼觀四處，耳聽八方，老闆一不留神，就趁機下手，然後在現場黏上嚼過的口香糖，氣死老闆，之後就揚長而去。

「我們行竊的動機，無非是因太刺激、太過癮，和叛逆的快感，及家裡太窮，零用錢不夠，買不起想要的

東西。還有愛慕虛榮和喜愛充派頭，藉此贏取同學的友誼。當然也有例外，王子家就非常富裕，他行竊只是想氣死父母，得到他們的關注，因為他們太忙了。貓頭鷹和飛機頭，則是因成績太爛了，覺得高中生活超無聊，不幹點壞事會發瘋；我則是因為妒嫉、仇恨某某某，恨她老在我面前炫耀自己的外貌、成績和財富，開始偷她的寶貝東西，看到她心痛、發怒甚至流淚，我就超開心。總之，我們一起結伴壯膽，你做，我就做，你敢，我就敢……」

把它交給上帝

靜秋的心怦然落地，眼淚奪眶而出。她悲從中來，覺得所有的辛勞和努力都付之一炬，愈哭愈傷心。這時門鈴響了，是隔壁老奶奶送來自己種的蕃茄。老奶奶看她紅著眼睛，問清楚原由後說：

「別擔心，把它交給上帝，上帝沒有辦不成的事。」

老奶奶教靜秋怎麼禱告，還說：

「千萬別罵妮妮，也不要讓她知道，妳已經知道這事，只要禱告，我也會為她禱告。」

然而，情況似乎愈來愈糟，幾個星期後，靜秋跟老奶奶說：

「妳的上帝根本沒聽禱告，妮妮愈來愈變本加厲，房間裡那些買不起的物品、衣服愈來愈多，連家裡的錢也偷。」

老奶奶安慰她說：

「不要灰心，只要繼續禱告。《聖經》說：『你們禱告，無論求什麼，只要信，就必得著。』[1]」

幾個月後，妮妮因為行竊被抓到警察局去了，靜秋哭著打電話給老奶奶，老奶奶竟高興地說：

「感謝上帝，祂終於做事了。放心，妳快去把妮妮保回家。她現在被抓，得到應得的管教，好過將來她愈偷愈厲害，最後被抓進監牢裡。這是上帝的憐憫，是祂愛的管教。」

經過這事後，妮妮整個人安靜多了。她不再行竊，但卻要求更多東西。靜秋只好努力加班。

成為新造的人

這天晚上，妮妮想給母親一個驚喜，買了她愛吃的點心，去她上班的汽車旅館找她。櫃台裡空無一人，妮妮探探頭，聽見一陣咆哮聲。她尋著聲音靠近辦公室，從玻璃門外看見母親低垂的頭，任老闆對她吼罵：

「又要預支薪水！妳已經預支多少次了！你當我是開銀行的嗎？我已經儘量讓妳加班賺錢了 ，妳還不知好歹！妳女兒要最新的 iPhone、iPad、MacBook，有完沒完，沒本事就不要學人家這樣寵孩子。好了，別再說了，去工作吧！小心我炒掉妳，連工作都沒得做！」

妮妮轉身跑出旅館，邊跑邊淚流滿面。她想起父親離棄她們後，母親如何含辛茹苦養育她。為了滿足她的需要，阻止她繼續行竊，母親忍氣吞聲一再加班，她真是太不孝了！

從這事以後，妮妮徹底改變了。她主動要求母親帶她去教會，還把「草莓六人組」的伙伴都帶了去。

這天，靜秋又幫妮妮收拾房間，桌上的日記本攤開著，上面寫著：

「隔壁老奶奶說，母親一直為我禱告，所以上帝赦免了我一切偷竊的罪。現在我已是一個新造的人了[2]，不會再讓母親心碎傷心了……」

註：

1 馬太福音 21:22

2 參閱哥林多後書 5:17

【芝心婷語】

- 孩子行竊的動機，無非是因刺激、過癮、叛逆、貧窮、虛榮、想引起父母關注、無聊、妒嫉或仇恨等。
- 把孩子的事，交給上帝，上帝沒有辦不成的事。
- 不要灰心，只要繼續禱告。
- 《聖經》說：「你們禱告，無論求什麼，只要信，就必得著。」
- 教導孩子，上帝赦免了我們一切的罪，使我們成為新造的人。

5 不向謊言讓步

人物

A父親	B父親	安妮塔的同學：露露
A母親：蘇姍	B母親：泰莉	卡咪的朋友：吉娜
A女兒：安妮塔	B女兒：卡咪	

蘇姍去美容院做完頭髮後，她坐進車裡正要啟動引擎時，突然看見前面冰淇淋店裡，走出來幾個少女，她十四歲的女兒安妮塔也在其中，她心裡怦然一跳，這時候女兒不是應該在補習班上課嗎？她定睛一看，泰莉的女兒卡咪也在，原來是一起翹課！她趕緊用手機拍下照片，傳送給泰莉。

蘇姍和泰莉在同一間教會聚會，兩家小孩從小一起長大。她們在電話中討論該如何處理這事。最終決定先聽女兒怎麼說。

第二天，她們的答案是，兩家女兒都說謊。

蘇姍說：

「『說謊』是一切惡行的起頭和根源，是為魔鬼鋪路。如果今天我們不教導女兒說謊的嚴重性，她們會認為說謊沒什麼大不了。」

泰莉也認為絕不能姑息這惡習，但為了公平起見，她們決定先聽聽女兒的心聲。

她們各自找對方的女兒談話，問在什麼原因下，她們會向父母說謊。

從改變自己做起

安妮塔說：

「因為父母都是老古董，說實話會被處罰，誰會這麼蠢，自找麻煩呢？我同學露露今天才向我炫耀她的新手機，就是她向父母說謊，說學校合唱團要繳年費才買到的。若是要靠零用錢，什麼時候才能買啊！還有，我們所做的事，十之八九都是父母所痛恨、不喜歡的，那幹嘛還說真話惹挨罵呢？再說，我父親也好幾次說謊啊，我母親出差時，他明明和同事去喝酒，還要我在電話中騙母親說他沒有！」

卡咪說：

「我父親脾氣暴躁，一說真話他就會暴跳如雷，誰敢跟他說真話呢？我母親只准我跟她為我選擇的朋友交往，像吉娜那樣頭髮染成幾個顏色，耳朵上戴了七八個耳環的女孩，我母親肯定不讓我和她交往，可是我不想失去這個朋友，我覺得她很酷，很有個性，所以就只好說謊，偷偷交往囉！」

蘇姍和泰莉知道女兒的心聲後，她們決定先從「改變父母自己」做起。她們約女兒去吃披薩，當大家都吃飽後，蘇姍就切入正題：

「上星期六，妳們應該在補習班補習，但有『兩個人』看見妳們翹課，在外面遊蕩，還去冰淇淋店吃冰淇淋。」

「哪有，怎麼會呢？我們明明有上課呀！」

安妮塔立刻狡辯。

「對啊，一定是那人看錯，弄錯了！」

卡咪馬上在一旁幫腔。

蘇姍淡定溫柔地說：

「可是那人真是看見了，而且拍下了照片。」

泰莉馬上把手機裡的照片給她們看。她們立刻紅了臉。

上帝眼目遍察全地

蘇姍說：

「首先我們要跟妳們道歉。作父母的並非萬能，凡事都不會做錯。」

蘇姍把一張卡片遞給安妮塔，裡面是丈夫向女兒道歉的話，請她原諒他沒有作好榜樣，要她一起說謊，並保證以後不會再喝酒了。

安妮塔看了紅了眼。

泰莉也趕緊把手機上，丈夫寫給女兒的簡訊給卡咪看。上面寫著，請她原諒父親的壞脾氣，以後他會儘量控制自己。

泰莉亦為限制女兒的交友，向她道歉。

卡咪也紅了眼。

蘇姍說：

「《聖經》說：『說謊言的嘴，為耶和華所憎惡；行事誠實的，為他所喜悅。』[1]『說謊』是一切惡行的開端。當我們每說一次謊時，就是和魔鬼打交道，一步步成為牠的兒女。因為《聖經》說：「他本來是說謊的，也是說謊之人的父。」[2] 所以務要根除這惡習，永遠不向謊言讓步。否則今天說小謊，將來必說大謊，直到魔鬼毀了我們的一生。」

安妮塔低垂著頭，半晌才抬起頭問蘇姍：

「妳說有『兩個人』看見我們翹課，是誰和誰？」

蘇姍說：

「是我，我正好從美容院出來親眼看見。就算我沒看見，另外一個人，祂永遠都看見我們所做的一切。」

「是誰？」

安妮塔又問。

「是上帝，祂的眼目遍察全地[3]，祂無所不在。」

「喔！不……」

兩個女孩都像洩了氣的皮球般說：

「上帝，對不起！爸媽，對不起！以後……我們再不敢說謊了！」

註：

1 箴言 12:22

2 約翰福音 8:44

3 參閱歷代志下 16:9

【芝心婷語】

♥「說謊」是一切惡行的起頭和根源。
♥照著上帝的話語，教導孩子「說謊」的嚴重性。
♥要改變孩子，先從「改變自己」做起。
♥《聖經》說：「說謊言的嘴，為耶和華所憎惡。」
♥教導孩子，上帝的眼目遍察全地，祂無所不在。

6 不能說的祕密

人物

父親	女兒：小斐	鄰居太太
母親：佳芝	兒子：小恩	公園的小男孩、小女孩

「我以後再也不告訴妳任何事情了，妳和小恩都是世界上最討厭的人，我討厭你們，我討厭這個家！」

佳芝想起十三歲的女兒小斐，對她生氣怒吼的話。

這一個星期來，女兒對她不理不睬，也不睬她弟弟小恩，只和丈夫說話。原因是她不小心把女兒一個小祕密，告訴鄰居太太。

這祕密是，女兒決心這次期中考，要考第一名，一直以來她都是第二、三名。佳芝心想，鄰居太太的女兒和小斐同班，成績很差，她說出這祕密，不但能在對方面前炫耀和誇耀小斐，間接也是誇耀自己和丈夫聰明的遺傳。

誰知這次小斐不知出了什麼差錯，居然掉到第五名。鄰居太太從她女兒口中得知這事後，看見小斐時，就刻意酸了她幾句，小斐紅著臉，一回到家就放聲大哭。至於小恩，則是因為偷看姊姊的日記，偷翻她的東西，惹怒了小斐。

每個小孩都有祕密

佳芝跟丈夫說：

「就這麼一丁點兒事，小斐要生氣到什麼時候？鄰居太太酸她的話幹嘛當真，她自己女兒成績這麼差，咱們小斐成績雖然退步了些，但好歹也還在前五名呀！」

丈夫說：

「問題就在妳覺得是小事，小斐卻覺得是大事。什麼叫『祕密』？『祕密』就是不能讓人知道的事。小斐既然把祕密告訴妳，是因為她相信妳，要妳替她守祕密。不管這祕密是可誇耀、傷心、好笑、愚昧或丟人的，它都是祕密。

「小斐也曾跟我說：『我有事要告訴你，但你得答應不告訴媽。』我說：『只要不是犯法和危險的事，我就答應妳。』結果我守住這祕密，沒有洩露。」

「原來你們父女還有祕密，是我這作媽和作妻子不能知道的！」

「對不起，祕密就是祕密，除非小斐哪天想說，她就會說，否則永遠都是祕密。青少女總有些祕密，就讓她擁有一些祕密吧！妳不會想要像那些父母，孩子一進入青春期，就開始偷看檢查他們的日記、臉書、電郵、手機簡訊，甚至在電話中安裝竊聽器吧？小斐好歹也是個懂得上進的好孩子，我們只要尊重她的隱私就夠了。」

這天佳芝到公園散步，有一群小孩在玩耍。有一個小女孩沒人願意和她一起玩兒，她哭了起來。後來她母親把她帶走了。佳芝好奇問其中一個男孩，那女孩為什麼哭泣？

小男孩說：

「因為她老是在別人面前打小報告和告密，把人家的祕密都告訴別人，沒有人喜歡她，也沒人要邀請她參加他們的生日派對。」

佳芝一聽臉龐紅了，覺得自己就像那女孩，是個洩露祕密的人，以至於被小斐列入黑名單，再也不相信她了。原來，每個年齡層的小孩，都有他們自己的祕密，可能只是一些微乎其微的事，但對他們而言，都是天大的祕密，都該給予尊重。

為上帝不說話

這晚臨睡前，佳芝跟上帝禱告，祈求祂的原諒。《聖經》的話語：「謹守口的，得保生命；大張嘴的，必致敗亡。」[1] 及「謹守口與舌的，就保守自己免受災難。」[2] 突然向她啟開，她看見自己因炫耀和誇耀的口，而洩露了小斐的祕密，使她在鄰舍面前蒙羞。

佳芝痛痛地在上帝面前認罪悔改。她彷彿聽見，上帝溫柔地告訴她：

「妳的嘴，除了要為我說造就和祝福的話，也要能夠為我『不說話』。」

「為上帝『不說話』？這比為上帝說話更難做到！」

她突然明白了，她答應了小斐，就得守住祕密。因為上帝說：「這些事你們既做在我這弟兄中一個最小的身上，就是做在我身上了。」[3]

第二天，佳芝烤了小斐最愛吃的蛋糕，表示最深的歉意；小恩也親手畫了一張卡片，請姊姊原諒他。丈夫更在一旁說和睦的話，終於，小斐在滿滿的愛中，盡釋前嫌，給母親和弟弟一個深深的擁抱！

註：

1 箴言 13:3

2 箴言 21:23

3 馬太福音 25:40

【芝心婷語】

- 「祕密」就是不能讓人知道的事。不管是可誇耀、傷心、好笑、愚昧或丟人的，它都是祕密。
- 每個孩子，都有自己的祕密，都該給予尊重。
- 父母的嘴，除了要為上帝說造就和祝福的話，也要能夠為祂不說話。
- 答應孩子保密，就得守住祕密。

7 上帝的名片

人物

母親：貝芙　　歐文牧師　　貝芙的朋友：仙蒂

兒子：傑克　　傑克的同學：查理、吉米

「親愛的主耶穌，我們把傑克交在祢全能的手中，求祢賜給他一顆敬畏祢及受教的心。求祢將渴慕祢話語，及樂意學習一切學校知識和教導的意念擺在他裡面，讓他在學習的過程中，領受到祢豐盛的慈愛及滿足的喜樂，同時，亦能夠敬重、接受父母的教導。主啊，我們照著《聖經》所言：『應當一無掛慮，只要凡事藉著禱告、祈求和感謝，將你們所要的告訴上帝。』[1] 把它帶到祢面前。我們相信祢怎麼說，就要怎麼成就。我們感謝讚美祢！禱告奉耶穌基督的聖名，阿們！」

歐文牧師帶領貝芙一起禱告完後，就示意她可以回家了。

貝芙懷疑地問：

「就這樣？」

「就這樣。」

歐文牧師點頭。

「我的意思是……」

貝芙心想，這太簡單了吧！仙蒂怎會介紹這種敷衍了事的牧師給我。

她又加了句：

「是不是應該有什麼方法，或什麼辦法，是我們作父母可以和你配合的呢？」

「人的方法或辦法，都只是暫時的，惟有上帝的辦法，可以徹底改變人的生命。妳放心地回去吧！我們已經把這事『報告』上帝了，祂自然會處理。」

貝芙帶著懷疑的心回去了。

她心想，我只有歐文牧師的一張名片，這能有什麼用處呢？豈知，傑克看了這張名片，竟主動要去找歐文牧師？接著，傑克就開始熱心參加教會的青少年團契。起初是每星期五晚上的聚會，接著是參加星期三的禱告會，後來又多了查經班，最後又加入詩歌敬拜團，負責打鼓。每天忙得很起勁、喜樂。

貝芙看著傑克的改變，憂喜參半，怕他太迷戀投入教會，會影響學業。誰知，他在學校的成績和表現竟出人意外的好，今年還當上康樂組長！

上帝的醫治

這天，貝芙去教會接傑克回家，看見歐文牧師，忍不住問：

「是什麼原因，讓傑克這樣一個不愛上學，幾乎快被學校開除的孩子，突然間像轉了性似的，變得積極上進又樂觀起來？」

歐文牧師笑著說：

「是上帝的愛，醫治了他懼怕的心。每個孩子都有他不愛上學的原因，例如：某個學科的老師對他特別嚴苛，在同學面前多次羞辱他的成績；或經常上網到兩三點，第二天起不來上學；或理化、數學公式背不熟，不上學，就可逃避考試；或父母經常吵架，父親開口就罵人打人，於是自暴自棄不上學；或在學校被同學欺負嘲笑，被孤立拒絕；或語言表達能力及學習能力有障礙等都是。然而這些，孩子通常都不願意跟父母說，怕被父母罵。」

貝芙又問：

「你說上帝醫治了傑克懼怕的心，那是什麼？」

歐文牧師笑說：

「妳自己問他吧！」

要愛你們的仇敵

後來，傑克跟貝芙說：

「因為我向老師告發查理和吉米在學校廁所裡偷抽煙，他們被叫到訓導處處罰。從此他們就常埋伏在校園各個角落恐嚇威脅我，甚至向我勒索金錢，零用錢都被他們搶光後，他們就搶我的手機和手錶。後來我去了教會，在一次禱告會中不斷哭泣，歐文牧師問我原因，我告訴他後，他要我為他們禱告。

「他說，因為《聖經》說：『要愛你們的仇敵，為那逼迫你們的禱告。』[2] 及『咒詛你們的，要為他祝福！凌辱你們的，要為他禱告！』[3] 我說我做不到。他說，沒關係，我們一起禱告，我每天早上也會為你禁食禱告。結果，太神奇了，一個星期後，他們居然主動和我示好，請我吃麥當勞和看電影，還推舉我當康樂組長耶。」

貝芙聽了萬分感動！

後來他們全家因此信了主，在作見證時，貝芙眼底有淚光說：

「我們全家是因為一張『上帝的名片』得救的。歐文牧師是上帝的僕人，他的名片就是代表上帝，祂邀請我們全家成為祂的兒女！」

註：

1 腓立比書 4:6

2 馬太福音 5:44

3 路加福音 6:28

【芝心婷語】

- 人的方法或辦法，都是暫時的；惟有上帝，可以徹底改變人的生命。
- 上帝的愛，可以醫治孩子懼怕的心。
- 每個孩子都有他不愛上學的原因，必須針對原因，才能有效解決問題。
- 教導孩子：「要愛他們的仇敵，為那逼迫他們的禱告。」

8 我的祕密武器

人物

父親：士博　兒子：子豪　士博的母親

母親：心怡　女兒：子菱

「你少說教了！如果你這麼聰明厲害，我們怎麼到今天還買不起大房子！」

子豪怒吼。

「你說什麼？你給我再說一次！你不滿意這個家是不是？這個家哪點對不起你，辛辛苦苦把你養到十七歲，沒少你吃也沒少你喝，竟養出個混帳東西來！不滿意就給我滾出去，出去了就永遠不要再回來！」

士博暴跳如雷，大發雷霆，指著叛逆、態度輕蔑挑釁的兒子大吼。

「出去就出去，誰希罕這個家！」

子豪把門重重一摔，口暴粗話忿忿地出去了！

士博像鬥敗的公雞般，跌坐在沙發裡。許久後，他才打電話給母親，告訴她發生的事。

母親說：

「青春期的男孩說話都較尖酸刻薄，愈是這樣就愈顯得酷，這是他們說話的方式和形態，好藉此保護自己，未必心口合一，不必放在心上。現在最重要是希望他氣消後能回家。」

然而一連兩天，子豪都沒回家，士博開始擔心了。心怡回娘家，再過兩個星期就會回來，他怎麼向妻子交待？又怎麼向小女兒子菱解釋？子豪未滿十八歲，被他趕出去，如果報警他恐怕會吃官司，打電話去學校，學校說他兩天沒上學了，他會去哪兒？他能去哪兒？他會不會出了什麼事兒？他愈想愈心煩，連工作都無法專心！

不要惹兒女的氣

士博只好又打電話給母親，母親要他先在上帝面前反省認罪。當母親為他禱告時，他竟淚流滿面。聖靈光照他，這十七年來，每當他工作不順利時，就對子豪大吼大罵，他吼過子豪最多的一句話就是：「你別他媽的廢話！」以至於，子豪每次想親近和他說話，都被他罵走了。他從未關心過子豪，現在想找他才發現，根本不知道他平日的生活狀況，也沒有他任何一個同學或朋友的電話可以詢問！

母親安慰他說：

「你放心，他很平安，他今晚就會回家了。」

士博驚訝：

「您怎麼知道！您怎麼這麼有把握？」

母親說：

「因為我靈裡十分平安。今晚他回家後，你千萬不要再罵他。」

士博說：

「我不會再罵他，但他血氣方剛，一句話不對勁兒，就變臉發怒！」

母親說：

「那你就馬上打電話給我。」

那天晚上，子豪果然回家了。第二天，子豪照常上學，好像什麼事也沒發生過。但沒幾天，就又故態復萌，一開口就要吵架，士博正想怒吼，又硬生生吞了下去，他趕緊回房間，打電話給母親。

母親說：

「《聖經》說：『你們作父親的，不要惹兒女的氣，恐怕他們失了志氣。』[1] 子豪發脾氣時，你就『閉嘴』及『退開現場』。一個人失去發脾氣的對象時，他就發不了脾氣。」

以基督的心為心

第二次，子豪又發脾氣時，士博又趕緊打電話給母親求救。

母親說：

「《聖經》說：『你們當以基督耶穌的心為心。』[2] 當你面對暴怒的子豪時，你要先把耶穌擺在你們中間，透過耶穌看子豪，以祂的心為心，你就會看見耶穌如何在你還是罪人時，就已先愛你，你就不會再對子豪動怒生氣了。」

就這樣一次又一次，士博發現自己變了，子豪也發現父親變了，他感覺到父親的改變是因為「愛」他。他漸漸地不再無故頂嘴吵架，亂發脾氣了。

許久後，心怡問士博：

「你和子豪，你們父子間從前那劍拔弩張的情況怎麼都不見了？」

士博笑說：

「我的祕密武器，就是打電話給母親求救。」

這天晚上，士博突然打電話給母親說：

「我告訴心怡，子豪和我的改變，是因『我的祕密武器』是打電話向您求救，那『您的祕密武器』又是什麼呢？」

母親說：

「『我的祕密武器』就是每天跪著為你們每一個人禱告，特別是子豪。以前我怎麼為你，在你青春叛逆期，整天和你父親頂嘴吵架時禱告，今天我就怎麼為子豪禱告。我只要呼求上帝，祂總會垂聽回應我。」

士博感動萬分地說：

「媽，謝謝您！」

註：

1 歌羅西書 3:21

2 腓立比書 2:5

【芝心婷語】

- 青春期的孩子說話較尖酸刻薄，這是他們說話的方式和形態，好藉此保護自己，未必心口合一。
- 孩子發脾氣時，父母應該暫時「閉嘴」及「退開現場」。
- 「透過耶穌看孩子，以祂的心為心。」能使父母不輕易動怒生氣。
- 禱告，是父母面對暴怒的孩子，最有力的「祕密武器」。

9 溫馨聖誕夜

人物

A母親：喬依　B母親：蕾絲　蕾絲的朋友：珍娜、佩姬、
A兒子：杰米　B女兒：邦妮　　　　　　　琳達、貝蒂

喬依跟杰米說：

「我覺得這一年來你很不快樂，是不是我和你父親不夠關心你，還是你在學校或人際關係上遇到什麼困難？小時候你很黏媽，什麼都跟媽說，現在十六歲了，就不太和媽說話了，我很傷心難過，也很不習慣。」

杰米說：

「我當然不快樂啊！因為妳整天都嘮叨囉嗦。我最不開心的是，你和父親都不接受我的朋友，總是批評他們，這不好那不好，其實你們根本就不了解他們，他們都很有愛心，而且對我很好。」

喬依說：

「你是指那些和你一起跳嘻哈街舞（Hip Hop）的朋友？其實我們並不反對你跳街舞，我們反對的是，自從你參加這團隊後，經常因參加比賽而練習到凌晨二、三點才回家，第二天一早又要上學，我們擔心你的健康和平安，沒有一天能睡好。而且自從你

加入這團隊後，行為、態度、衣著，都變得和他們一樣叛逆、桀驁不馴，衣服上還常聞到香煙味兒，都是他們把你帶壞……」

「妳看，妳又開始批評他們了，我不想再跟妳說話了！」

杰米打斷她，忿怒走開了。

選擇朋友

蕾絲又和女兒邦妮吵架了，蕾絲尖聲說：

「妳為什麼不能選擇一些聰明、自愛、上進又愛讀書的朋友，盡和那些一天到晚只知道逛街、參加派對、花錢、享樂的朋友混在一起？從小我讓妳學鋼琴、繪畫、舞蹈，妳是在一個非常美好的家庭長大，那些朋友都來自亂七八糟的家庭，才會下課後就在街上遊蕩……」

邦妮立刻尖牙利嘴地反駁：

「妳的朋友就很好嗎？珍娜阿姨整天找妳去買名牌衣服；佩姬阿姨整天在人家面前罵自己的孩子；琳達阿姨整天佔人家便宜，去餐館時不付帳，借東西不歸還；貝蒂阿姨整天講街坊鄰居的是非八卦！」

邦妮根本不聽她的，扭頭走了。

靠著禱告

喬依在基督教月刊上閱讀到：

「青少年在學校，都會自動歸類，例如：愛玩族、愛現族、電玩族、運動族、夜貓族、酷酷族等，他們氣味相投，三五成群。作父母的若批評他們的朋友，就是批評他們。惟有靠著禱告，求上帝賜下敬虔愛主的朋友，成為他們的同伴，關心，卻不要過度干預他們。」

她忽然明白杰米不快樂的原因了。與其批評他的朋友，不如禱告求上帝賜他敬虔的朋友，並將喜樂的靈澆灌在他裡面。好讓他的一生，都能如《聖經》所言：「我因耶和華大大歡喜；我的心靠上帝快樂。」[1]

蕾絲在基督教電台聽到：

「物以類聚，當父母批評孩子的朋友時，就是批評他們：『我不喜歡你，我討厭你！』傷他們的心。父母更該以身作則，活出敬虔的榜樣，同時為孩子結交益友持續不斷禱告。青少年需要朋友，是生活圈子向外擴張的現象，並不是因為討厭或想取代父母，更不是不再需要父母的愛，或想與父母切斷關係。」

她立刻明白，當她批評邦妮的朋友時，邦妮覺得生氣，正如邦妮批評她的朋友時，她也會生氣一樣。因為朋友像一面鏡子，反射出我們擇友的品味和性情。她開始迫切為邦妮禱告，求上帝賜她智慧的朋友，因為《聖經》說：「與智慧人同行的，必得智慧；和愚昧人作伴的，必受虧損。」[2]

報佳音

一年後的聖誕夜，一群青少年在街頭唱聖詩「報佳音」，吸引了許多圍觀的人潮，喬依對站在一旁素不相識的女士說：

「那站在最中間唱歌的男孩是我兒子杰米。」

女士說：

「那站在右邊第二位，個子較嬌小的是我女兒邦妮。」

喬依說：

「這是我所聽過最美妙的聖樂，感謝上帝，回應我的禱告。我從未想過，能有這麼美麗的一幅畫面，就是我的孩子，會結交這些榮神益人的朋友一起報佳音。」

女士說：

「我也是，真是感謝上帝！我叫蕾絲。」

喬依馬上說：

「我叫喬依。」

「祝妳聖誕快樂！」

她們不約而同說，說完又相視而笑，真是個溫馨的聖誕夜！

註：

1 以賽亞書 61:10

2 箴言 13:20

【芝心婷語】

❤批評孩子的朋友，就是批評他們。
❤關心，但不過度干預孩子。
❤為孩子結交益友，持續不斷地禱告。
❤父母應以身作則，活出敬虔的榜樣。
❤孩子需要朋友，是擴張的現象，不是想取代父母，亦不是不再需要父母的愛，或想與父母切斷關係。

10 悸動的青春

人物

父親	大兒子：律律	二〇三號病人
母親：曼蓉（護士）	小兒子：亮亮	街頭流浪漢
女兒：婷婷	護士長：蘇玟	

「媽，亮亮又搶我的手機，我講電話講到一半，他太可惡了，妳管管他行不行！」

婷婷追著亮亮，滿屋子又跑又叫又嚷。

曼蓉吼亮亮，又喊婷婷，要他們停止吵鬧，一邊忙著廚房的工作。

沒多久，亮亮摀著肚子跑來，又跳又嚷：

「媽，你快叫哥出來，他在廁所整個早上，快呀！我快要憋不住了！」

曼蓉立刻停下工作，去敲廁所的門：

「律律，你馬上給我出來，你弟弟快要忍不住了，你別又窩在裡頭偷看漫畫書！」

「我哪有！我還沒『方便』完，怎麼出來！」

律律吼回來。

曼蓉馬上對亮亮說：

「你去用媽主臥室的廁所。」

「不能啦，姊在裡面邊講電話邊上廁所，哎唷，我肚子好痛，我快要拉出來了！」

曼蓉立刻拉著亮亮，衝到主臥室的廁所，拍門叫嚷。婷婷這才不情願地出來，亮亮馬上衝進去。

這就是曼蓉在家的生活寫照。每天和三個孩子，老大婷婷，老二律律，老么亮亮奮鬥周旋，甚至比上班還要精疲力盡。

永遠爭辯不過

尤其是兩個上高中，正值青春叛逆期的婷婷和律律，她永遠爭辯不過他們。

「妳每天抱著電話不放，電話可以當飯吃嗎？還是妳光聊電話，考試就可以拿滿分？」

曼蓉質問婷婷。

也曾沒收過她的手機，結果她佔用家裡電話，朋友都打不進來。

婷婷頂嘴：

「在學校根本不能說太多話，如果不和同學熱線往來，就會落後，就會被大家拋棄、落單，沒有人要和妳作朋友！」

婷婷沒說的是：

「女生都愛傳遞學校最新流行的八卦緋聞，誰搶了誰的男朋友，誰被誰拋棄，誰暗戀誰，誰倒追誰等，這些精彩消息，我怎能不知道呢？」

還有你，曼蓉又把箭頭指向律律：

「你整天躲在廁所裡，偷看漫畫書，要不就是用髮膠搞古怪的龐克頭，別以為我不知道！家裡就兩間廁所，你一人就佔掉一間，以後若超過三十分鐘，我就扣你零用錢！」

「這太不公平了！我只不過是在裡頭洗臉擠青春痘，哪有妨礙到別人！」

律律反駁，他沒說的是：

「我又沒有自己的房間，在裡頭至少可以對著鏡子看自己的身材，有沒有多長幾塊胸肌，作作英雄帥哥的美夢。更爽的是，沒人在家時，還可以把收音機帶進去，邊洗澡邊把嘻哈音樂開到最大聲！」

最讓曼蓉生氣的是，說好這週末去朋友家聚餐，丈夫在分公司培訓新人趕不回來，兩個大的不肯去，連小的也不去，說是超無聊！

感恩三件事

孩子大了都不肯跟她了，曼蓉突然悲從中來，心中積壓著沉重的鬱悶煩躁。

第二天一早，她去教會晨禱，之後才去上班。禱告中，《聖經》的話突然臨到她：「我的心哪，你為何憂悶？為何在我裡面煩躁？應當仰望上帝，因他笑臉幫助我，我還要稱讚他。」[1]

她彷彿聽見上帝要她「感恩」三件事。

早上，二〇三號病人老是按鈴找她，看她臉色凝重，於是說：

「妳健健康康，行動自如，就該感恩。哪像我，凡事都無法自理，時日也無多了。」

她知道這是上帝要她感恩的第一件事。

中午，和護士長蘇玟一起吃午餐，她談起心煩的事。

蘇玟說：

「有孩子讓妳忙，就該感恩啊！哪像我丈夫病逝，兒子幾年前又車禍死了。每天下班就只能跟貓狗講話。」

她知道這是上帝要她感恩的第二件事。

傍晚，下班時，她在街口碰到一個流浪漢，她給了他一些零錢。

流浪漢說：

「謝謝好心人。上帝祝福妳的家，有家可回，真好啊！」

她知道這是上帝要她感恩的第三件事。

她的心突然亮了起來，巴不得立刻飛回家。那裡有她心愛的孩子和將會歸來的丈夫。

當她踏進家門時……

婷婷說：

「媽，我已經先幫妳煮好飯了。」

律律說：

「媽，我已經把垃圾拿出去倒了。」

亮亮說：

「媽，我已經幫狗狗洗過澡了。」

啊，原來她有這麼好的孩子竟不自知！

就算他們經常頂嘴吵鬧，也只不過是叛逆青春期一種無法控制的悸動吧！

註：

1 詩篇 42:5

【芝心婷語】

- 健健康康，有孩子可忙，有家可回，都該感恩！
- 禱告可以紓解父母心中，因孩子而積壓、沉重的鬱悶煩躁。
- 父母應學習看見孩子的「好」處。
- 抱著電話不放，佔用浴室，頂嘴吵鬧，都是孩子青春期的一種悸動。

Part 2

成長

11 愛能遮掩一切過錯

人物

A瓦特夫婦　　B霍克夫婦　　莫里牧師

A兒子：奧迪　　B女兒：潔西卡

退修會結束後，瓦特夫婦問莫里牧師：

「我們兒子奧迪，今年十八歲，近年結交了一些行為乖張的朋友。上個月，我發現他居然在背後刺青，我一發怒就把他趕出去了。我太太每天以淚洗面，但我不能讓他回家。《聖經》說：『不可為死人用刀劃身，也不可在身上刺花紋。』[1] 抽煙、喝酒都還容易改正，惟有刺青，就算除去也會留下疤痕。如果我不趕他出去，他會變本加厲，將來就會吸毒、淫亂無所不為。

「最令我生氣的是，他居然頂嘴：『那是舊約《聖經》說的，現代已經不適用了。而且我背後刺青的是《聖經》章節，所以上帝不會怪我！』這分明是強詞奪理。上帝說：『不可殺人，不可偷盜。』[2] 我問他：『你在背上刺個十字架，然後又殺人，又偷盜，上帝會不會不懲罰你？』最重要是，刺青幾乎是不良幫派的象徵，它會絆倒其他年輕孩子。我是教會的執事，怎可容許孩子做這種事？」

牧師說：

「上帝的話是永不改變的。只不過他的屬靈生命尚未成熟，現在趕他出去，可能他會自暴自棄，加入幫派，誤入歧途。應該讓他回家，他才能安心上學。但要說明：『讓你回家，是因為我們愛你，你是我們的孩子。不是因為認同你刺青的行為是對的。』

「你們要每天為他禱告。有一天，當他敬畏上帝時，他就會明白所犯的過錯。他會把《聖經》章節刺在背上，是因為懼怕，以為能蒙保守。其實是沒住在上帝裡面，上帝就是愛[3]，在愛裡就沒有懼怕。[4]」

你還會愛她嗎

接著，霍克夫婦也來問牧師：

「我們女兒潔西卡，今年十七歲，是極端叛逆的孩子，不但頭髮染的五顏六色，連眉毛、鼻子、嘴唇、肚臍眼兒都打洞戴飾物，到哪裡都引人側目。我們幾次在人面前，都不敢承認她是我們的女兒。我們知道這很傷她的心，但她好歹給我們留點面子。她長得很清純甜美，怎麼一到青春期就變成這樣子？我們又不能趕她出去，外面太危險了，我們到底該怎麼辦呢？」

牧師說：

「這是過度期。她這種裝扮，是想激怒、引起你們注意，也是自卑及反抗的反射。這種裝扮，最沒面子的是你們，別人無關痛癢。她想試驗你們，她變成這樣子，你們還會愛她嗎？你們一樣要無條件愛她，在眾人面前承認她是你們的女兒，她就會回轉。別中了撒但要拆毀你們的詭計！」

完全的寬恕

瓦特夫婦果然讓奧迪回家了。被趕出去一個多月，奧迪居然在麥當勞找到一份工作，半工半讀，和朋友擠一間寢室，突然長大了。只不過，大熱天奧迪經常在家打赤膊，背上的刺青像蛇紋一樣，分秒在他們眼前耀武揚威。他們受不了打電話給牧師。

牧師說：

「當刺青還會攪擾你們時，就是你們還未完全寬恕。你們面對刺青時，應該心裡斥責禱告：『撒但退去！離開我們！』直到它不再影響你們。」

後來他們果然不再受影響，讓奧迪自己在上帝面前尋求答案，上帝會告訴他該如何做，才能蒙祂喜悅。只是在家族旅遊中，因著奧迪背後的刺青，他失去了到泳池游泳的機會，怕絆倒其他孩子。而他們夫婦也陪他一起不游泳，和他一起經歷，失去原本該有的「自由」的懊悔感覺。

不以她為恥

霍克夫婦也很努力，試著以無條件的愛來愛潔西卡，在眾人面前不以她為恥。潔西卡最愛外祖父了，但外祖父八十大壽的生日派對，他們決定不參加，因為潔西卡的裝扮會令外祖父不開心。為了討外祖父歡喜，潔西卡決定一改前衛的裝扮，染回原來的髮色，除去所有亂七八糟的飾物。

一個星期後，她宣佈：

「看了那天生日派對的照片後，我覺得，我更適合清雅的裝扮！」

後來，瓦特和霍克夫婦，先後寄感謝卡給牧師。

牧師回函：

「感謝上帝！愛，能遮掩一切過錯！」[5]

註：

1 利未記 19:28

2 參閱出埃及記 20:13, 15

3 參閱約翰壹書 4:16

4 參閱約翰壹書 4:18

5 參閱箴言 10:12

【芝心婷語】

- 當孩子敬畏上帝時，就會明白所犯的過錯。
- 上帝就是愛，在愛裡沒有懼怕。
- 孩子悖逆的裝扮，多半是要激怒、引起父母注意，也是自卑及反抗的反射。
- 孩子會試驗父母，當他變得不可愛時，父母還會愛他嗎？
- 陪孩子一起經歷，失去「自由」的懊悔感覺。
- 完全寬恕，無條件愛孩子，不以他為恥。

12 家規是為了愛

人物		*寵物*
父親	小薇的同學：巧可	狗：呆呆
母親：帆茹	教會姐妹：林儷	
女兒：小薇		

小薇的朋友：熊貓、芒果布丁、麥棋、巧克力、
黑人勇士、大偉、璦璦、小娟、叮噹

「生日派對才舉行到一半，正是最熱鬧好玩的時候，你們就來接我了，大家都用嘲笑同情的眼光看我！你們答應可以參加派對，才十一點鐘，連蛋糕都還沒吃，就要離開了，這太不公平，太愚蠢了！我討厭你們！討厭死你們了！」

小薇忿忿地把房門關上，在裡面發脾氣。

帆茹跟丈夫說：

「讓她去吧！你明天一早要開會，先去休息吧！」

小薇在房裡愈想愈生氣，直到十二點多才打通巧可的電話。

巧可在電話中嚷：

「妳這麼早就離開太可惜了！你沒看到熊貓在眾人面前公佈，明年畢業舞會要邀請芒果布丁當舞伴；麥棋拼命裝帥、鼓足勇氣邀約巧克力去看電影，結果踢到鐵板；黑人勇士和大偉公開

挑戰，要一起公平競爭追美女璦璦；小娟和叮噹喝醉了，躺在地上胡言亂語⋯⋯」

小薇愈聽愈懊惱，抱怨連連。

巧可激動的心稍稍降溫後，從心裡說：

「其實我才羨慕妳呢？我父母每天只知道賺錢，沒空管我，他們各過各的生活，我就算在派對裡被人家強暴了，他們也不會知道。我每次聽妳說，要在宵禁時間前趕回家，否則就會被禁足，兩個週末都不能出門，我就覺得妳好幸福，有人在乎、關心、管制、愛妳。」

「妳真的這樣想嗎？」

小薇問。

「當然是真的。」

巧可回答。

小薇這才稍稍釋懷。

領悟應對辦法

同一時間，帆茹在書房裡禱告。她問上帝，她到底做的對不對，為什麼每次都要爭鬧不休。《聖經》的話，劃過她心間：「主所愛的，他必管教」[1] 及「棄絕管教的，輕看自己的生命；聽從責備的，卻得智慧」[2] 。她愛小薇，當然也必照上帝的管教，適當管教她。但小薇根本不了解，這一切都是為了愛她。

她跟上帝說：

「如果祢已聽了我的禱告，求祢讓我能盡心傾訴，在神和人面前，都能得著安慰。」

就在這時，她的手機響了，是教會的林儷姐妹打來。

林儷說：

「真抱歉，這麼晚了還打攪妳。我在禱告中，受聖靈感動，所以就撥了這電話。」

帆茹感動莫名，即刻把重擔傾吐出來。

林儷說：

「我和讀高中的兒子也一樣，每天都為著幾點鐘該回家，鬧得焦頭爛額、劍拔弩張。但現在我已能在上帝的愛和智慧中，領悟到可以應對及勝過的辦法。國有國法，家有家規。不管他們多想挑戰破除規矩，他們內心裡其實更希望有界線來約束管制，這讓他們有安全感。只要將規矩解釋清楚，把我們的擔心，及必須確保他們安全的責任告訴他們。他們就會明白哪些界線不能跨越，哪些規矩必須遵守。這能幫助他們的獨立與自尊，愉快度過青春期。

「例如，週末外出，必須先做完功課和家事，這能培養自律和對家庭的責任感。宵禁時間，則要看情況調整，可以讓他們二選一，但一定要嚴格徹底執行，超過時間沒回家，週末就得受到禁足懲罰。我在報上閱讀過一則新聞，一名十六歲女孩，生日那天遭父母禁足不准外出，結果爬繩子下樓，不幸發生墜樓身亡的悲劇。真是不能不謹慎小心啊！」

週末宵禁時間

第二天早餐時，帆茹耐心地和小薇溝通，讓她明白，家規是為了愛她。

她問小薇：

「我和妳父親決定，週末宵禁時間，妳可以任選其一：最晚十二點鐘，或十二點半。正式舞會或派對時，可以到凌晨一點鐘。如果超過時間沒回家，就要遭到兩個週末的禁足。」

小薇馬上回答：

「當然是十二點半啦！十二點鐘，正是派對最熱鬧精彩的時刻！」

言下之意，她同意這家規。

幾天後的黃昏，小薇抓住腳踝受傷的呆呆叫嚷：

「我告訴過你多少次，不可鑽到隔壁籬笆的洞裡去，你看又被鐵絲網割破腳踝了吧！難怪你叫呆呆，真是又笨又呆！從今天開始，我要嚴格制定家規，如果你再鑽到隔壁去，我就罰你禁足，兩個週末不帶你去公園撒野快活。家規，是為了愛你，你懂嗎？你這笨狗！」

註：

1 希伯來書 12:6

2 箴言 15:32

【芝心婷語】

❤惟有在上帝的愛和智慧中，才能領悟到應對及勝過孩子叛逆的辦法。

❤孩子其實希望有界線約束管制，這讓他們有安全感。

❤將規矩解釋清楚，孩子就會明白哪些界線不能跨越，哪些規矩必須遵守。

❤家規能培養孩子自律及對家庭的責任感。

❤家規一旦制定，務必嚴格徹底執行。

13 愛是凡事包容

人物

父親：羅倫（百貨公司經理）
母親：瓊安
女兒：妮可

羅倫公司男同事
健身房櫃台女士
羅倫的朋友
健身房青少年

羅倫和幾名年輕男同事去分公司視察，他是百貨公司的經理。視察完後，他們在商場一家開放式咖啡館喝咖啡。電影院門口，一群時髦青少年聚在那兒。沒多久，來了三名少女，她們穿著打扮如出一轍，濃妝艷抹、坦胸露肚、超短迷你裙。

一名男同事忍不住嚷：

「哇！這幾名辣妹超性感！」

另一名男同事立刻吹口哨嚷：

「尤其是那戴帽子的，超勁爆迷人！」

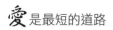

說完又吹了幾聲口哨，惹得那三名女孩往這裡張望。羅倫發現那戴帽子的女孩臉色突然驟變，飛快藏身在那兩名女孩身後。羅倫臉龐倏地漲紅，他認出那女孩是妮可，他女兒！男同事還在一旁輕佻挑逗：

「別害臊嘛，辣妹！」

羅倫腦中嗡嗡作響，不記得是怎麼離開的。當他帶著怒氣回到辦公室，又接到朋友打來、令他更加生氣的電話：

「那天在街上遇見你女兒妮可，真是女大十八變，化起妝來，穿起性感衣服，不輸女星瑪丹娜，連我都快認不出了！沒想到，像你們這種上教堂的人的女兒，也可以打扮得這麼清涼暴露！」

怒氣爆發

怒氣終於在羅倫的腳步抵達家門後爆發了！

他拉著妻子瓊安，衝進妮可房間，搜出所有性感衣服和化妝品，對著她吼：

「妳是怎麼教女兒的，她怎會有這些衣服和化妝品？才幾歲化什妝？妳沒看到她每天規規矩矩地上學，一放學就濃妝艷抹，穿得坦胸露肚，傷風敗俗地在商場裡晃。妳若再不嚴格管教她，她就快變成不良少女了！」

吼完，他又對著妮可吼：

「妳放學不回家，在外閒蕩，還打扮成那幅樣子，想惹禍上身嗎？妳以為沒人看見，不但有人看見，還嘲笑咱們上教堂的人，居然允許女兒這樣，簡直丟盡我的臉！從今天開始，每天放學後就給我準時回家，下星期天，妳原本要開十六歲的生日派對也取消！」

妮可氣忿忿嚷：

「這太不公平了！化點妝穿時髦點有什麼不對？有些女生國中時就化妝了，你太老古板了！我又沒有影響學業，你怎麼可以取消我的生日派對！」

嚷完，她把他們轟出去，把自己關在房裡哭泣。

成長過程

羅倫在健身房做運動。他身旁幾名青少年在練胸肌，他們邊做邊談論，如何鍛鍊三頭肌、三角肌、背闊肌、斜方肌等，及參加哪組仰臥推舉、斜板臥推、仰臥屈臂上拉、雙杠臂屈伸、上斜啞鈴飛鳥、拉力器夾胸等密集訓練，配合維他命輔助，最能達到闊胸的效果，也最能得到女生的青睞。

羅倫看了一眼這些乳臭未乾的青少年，為了討女生歡喜，竟能如此持之以恆地健身！他想起自己年少時，不也是非常注重體格發育。

洗過澡後，他去櫃台繳付下一年會員年費，和櫃台女士說：

「今天青少年健身的特別多，真熱鬧啊！」

對方說：

「這年紀的男生，最注重體格發育和胸肌鍛鍊；女生，則愛化妝打扮，怕太肥胖，沒男生喜歡。」

羅倫把罵了妻子女兒的事告訴她。

她說：

「女生從小就愛偷穿母親的高跟鞋，擦口紅，更何況青春期，這是成長的一個過程。我女兒更糟，幾乎每餐都不吃不喝，要不就是吃了又自行催吐，我真怕她為了身材苗條，得了厭食症。」

羅倫說：

「但是，我身為教會長老，女兒這樣，實在讓人笑話。《聖經》說：『好好管理自己的家，使兒女凡事端莊、順服。人若不知道管理自己的家，焉能照管上帝的教會呢？』」[1]

她說：

「你是愛面子，還是愛女兒更多？《聖經》也說：『命令的總歸就是愛』[2]，愛才是最大的。」

她指著一旁的月曆，上面是《聖經》章節：「愛是……凡事包容，凡事相信，凡事盼望，凡事忍耐。」[3]

她說：

「『凡事』就是一切事，沒有一件例外。你可以教導女兒，要穿的得體，必要時，化淡妝就會讓她更清純漂亮。」

羅倫突然豁然開朗了，他雀躍起來說：

「謝謝妳，我這就去買鮮花和禮物，回家向妻子女兒道歉！」

註：

1 提摩太前書 3:4-5

2 參閱提摩太前書 1:5

3 哥林多前書 13:4,7

【芝心婷語】

♥父母經常愛面子，多過真正愛孩子。

♥命令的總歸就是「愛」，愛才是最大的。

♥青少年，注重胸肌鍛鍊；青少女，想化妝打扮、減肥，都是成長的一個過程。

♥愛是：凡事包容，凡事相信，凡事盼望，凡事忍耐。

14 夢幻追星族

人物

母親：妤庭　　　　　　筱霜的同學：阿雅、小蘭、紫娟
女兒：筱霜　　　　　　筱霜最要好的同學：幸幸
筱霜的偶像：小甜甜布蘭妮
幸幸的偶像：韓星、珍妮佛安妮斯頓、布蘭妮、碧昂絲

妤庭在糕餅店遇見筱霜最要好的同學幸幸，說：

「怎麼這麼久沒來我們家玩兒？」

幸幸說：

「筱霜已經一個月不跟我說話了。她還在生我的氣。因為我不小心撕破她的偶像小甜甜布蘭妮（Britney Spears）最新海報，又不小心把她存了很久的錢，才買到布蘭妮最新推出的『宇宙光采』香水弄丟了。」

妤庭問：

「怎麼個『不小心』？」

幸幸回答：

「其實都是我的錯。筱霜、我，還有阿雅、小蘭、紫娟，我們五個人，是班上公認的『夢幻追星族』。每個人都有她心目中的超級偶像。阿雅、小蘭、紫娟迷戀的偶像，大都是港中台玉女

影星，或連續劇女主角。我則迷戀韓星，去年開始迷戀好萊塢女星珍妮佛安妮斯頓（Jennifer Aniston），後來又見異思遷，開始喜歡布蘭妮。筱霜則始終是布蘭妮的死忠粉絲，從未改變過。

「一個月前，筱霜把布蘭妮最新海報和香水帶去學校，跟大家分享，我剛從洗手間回來，衝過去湊熱鬧，誰知一搶就撕破了。筱霜很心疼，但沒怪我，還把香水借我上完體育課後用，可除去汗臭味。誰知我用完時，沒收好，就跑去和一位同學說話，再回去時，已經被人家偷走了。」

妤庭說：

「所以筱霜就生氣妳，到今天都不和妳說話。」

幸幸點頭：

「後來我和姊姊借錢買香水賠償她，她也不要。我想她生氣，是因為她覺得布蘭妮是她的偶像，別人都不可以搶奪或喜歡布蘭妮。其實這一個月來，我也很難過，因為她不要我這個朋友了。」

充滿偶像

回到家吃過晚飯後，妤庭趁筱霜去洗澡時，到她房間。牆上貼滿布蘭妮的海報，書架上是以布蘭妮為封面的雜誌、小包包、香水、鉛筆盒，及布蘭妮的專輯CD：《愛的初告白》、《流行禁區》、《暈炫風暴》、《妮裳馬戲團》、《蛇蠍美人》等，衣櫃裡幾件不同款式印著布蘭妮肖像的T恤，就連平常上學走路搭車時，耳機裡聽的也都是布蘭妮的歌。

筱霜從浴室出來了，她邊用毛巾搓著濕答答的頭髮，邊哼著布蘭妮的歌〈愛情玩咖〉：

「Womanizer, oh Womanizer, oh you are a womanizer baby……」

妤庭清清喉嚨說：

「我今天遇見幸幸，她說妳不要她這個朋友了？」

筱霜嘟起嘴說：

「誰叫她老是模仿我，她明知道布蘭妮是我的偶像，幹嘛學我，跟我搶！」

妤庭笑說：

「布蘭妮是美國流行音樂天后，是公眾人物，是全球許多人的偶像，誰都可以喜歡她，或不喜歡她。她不是屬誰的，她只屬她自己。她也不是永遠完美的，前幾年她因家庭、婚姻及育兒糾紛，負面新聞及話題不斷。但她在音樂上的成就是無可否認的。妳喜歡她，沒有什麼不好，但幸幸是妳最知心的朋友，為了一個在生命上，其實和妳沒有任何交集的人，而損失一位好朋友，我覺得很不划算喔！

效法基督

「妳現在才十五歲，『偶像』常會隨著年齡增長而改變。我那個年代的偶像，男的是麥可傑克森，女的是瑪丹娜。再早一點年代的人，則是伊麗莎白泰勒、貓王艾維斯普利斯萊、瑪麗蓮夢露等。而剛過世的惠妮休斯頓（Whitney Houston），我也滿喜歡她，尤其是她的成名曲〈I Will Always Love You〉，總是百聽不厭。但我不會去迷戀他們，或讓他們影響我的生活及人際關係。」

妤庭問：

「如果有一天妳生病了，妳覺得是幸幸會來看望妳，關心妳，還是布蘭妮？」

筱霜又嘟起嘴：

「當然是幸幸啦！布蘭妮根本不認識我！」

妤庭說 ：

「那就對啦！」

筱霜若有所思，好半天才問：

「那，妳現在心目中的偶像是誰呢？」

妤庭反問：

「妳說是誰呢？」

筱霜想了想後說：

「是基督耶穌。妳常說，要以基督耶穌的心為心[1]，去愛別人，要效法祂[2]，活出祂的樣式來[3]。」

妤庭笑說：

「因為祂是神，祂永不改變。祂才是我們永遠要學習的榜樣。人，總會跌倒犯錯，沒有十全十美。《聖經》亦說：『你們要自守，遠避偶像！』[4]」

第二天，筱霜去學校時，主動和幸幸道歉，幸幸笑呵呵說：

「妳放心，我不會再和妳搶布蘭妮了，我現在最新的偶像是『巧克力美人』碧昂絲（Beyonce Knowles），她那首〈女孩統治這世界〉（Run The World [Girls]）的MV太酷了！」

註：

1 參閱腓立比書 2:5

2 參閱以弗所書 5:1

3 參閱馬太福音 11:29

4 約翰壹書 5:21

【芝心婷語】

❤從孩子的行為、房間及交友狀況，可看出他是否迷戀偶像。

❤教導孩子，「偶像」是一個在生命上，其實和他沒有任何交集的人。

❤教導孩子，不要因迷戀偶像，而影響生活、學業及人際關係。

❤教導孩子，基督耶穌才是我們永遠要學習的榜樣。

15 情竇初開時

人物

母親：伊蓮	鄰家太太：梅洛
大兒子：菲力	菲力的女朋友：妙莉
小兒子：強尼	強尼的女同學：潘蜜拉
鄰家女兒：辛西婭	辛西婭的數學老師：克里夫

伊蓮在後花園修剪玫瑰花枝，強尼和鄰家女兒辛西婭一起走進來。他們在假山流水的魚池邊坐下來。

強尼邊餵金魚邊說：

「我就算要離開這世界，也得先把金魚餵飽，不能讓牠們當餓死鬼。」

辛西婭說：

「我比你更不想活了，活著有什麼意思，只見新人笑，不見舊人哭。」

伊蓮一聽，一顆心跳到半天高！這兩個孩子在說些什麼！她把身子隱藏在花圃一角。

強尼又說：

「什麼『只見新人笑，不見舊人哭。』，這麼老土肉麻的話，又不是演連續劇？」

辛西婭說：

「人家都快傷心死了，你還說這種話！克里夫馬上就要結婚了，我數學拿這麼多A有什麼用，他再也不會多看我一眼了，他心裡現在只有他的新婚妻子。」

強尼說：

「他是妳的數學老師，妳喜歡他，他又不知道？妳為了他，每學期數學都考全班第一名，他也常誇妳聰明，已經不錯啦！總好過我喜歡潘蜜拉，寫了五封情書給她，她都不理我，讓我毫無面子……」

原來是「情竇初開」，一個暗戀老師，一個單戀女同學，才十四歲就想談戀愛了！伊蓮心想難怪近來強尼老是對著鏡子傻笑，又開始注意髮型衣著。多半是受電影、電視愛情劇過度影響，居然不想活了，這真是非同小可！

年輕人安慰年輕人

伊蓮打電話給鄰家太太梅洛，告訴她發生的事。梅洛認為女兒辛西婭會暗戀老師，多半是因父親是飛行員，長年在外，缺乏父愛的移情結果。

她們深談過後，決定還是讓年輕人去安慰年輕人較妥當。

於是，伊蓮讓大兒子菲力和他女朋友妙莉，邀請強尼和辛西婭去看電影，然後去餐館吃飯。

在餐館裡，菲力問強尼和辛西婭，對於電影裡男女主角的愛情有什麼看法？

強尼說：

「那是電影裡才有的情節，現實生活裡哪有那種感情！」

辛西婭也說：

「對啊，現實生活裡，哪有那種老是在槍林彈雨中出入，那麼緊張又刺激的感情？」

菲力笑說：

「沒錯，現實中的愛情，總是不那麼完美。我高二那年，愛上社團裡一個女同學，為了她，我去學打鼓、彈吉他，騎摩托車、學跆拳道，甚至去偷店裡的東西，只要能博她一笑，就覺得超值得。後來，我無意中發現，她要我做的每一件事，都是為了懷念前男友所做的，她把我當成他的影子，根本從沒愛過我。」

「那後來怎麼樣？」

強尼和辛西婭同聲問。強尼又加了句：

「我怎麼不知道這事？」

菲力說：

「那時你還小，怎會知道。後來，我傷了很久的心，也掙扎了很久才放手。其實從頭到尾，都是我一廂情願迷戀她。」

若不是上帝幫助我

妙莉也說：

「我以前也有過很愚昧的感情。我高一時，有一個最要好的女同學，我們形影不離。後來她有了男朋友，就沒時間和我在一起了。因此我很恨她男朋友，也很妒忌這女同學，總之我也搞不清楚那時複雜的情緒。我介入他們之間橫刀奪愛，破壞他們。後來，這男的可能於心不忍，又回去那女同學身邊。我一氣之下，居然吞藥自殺了。」

強尼和辛西婭張大了眼和嘴！

妙莉又說：

「但後來被我母親發現，送去醫院救回了一命。因為我母親一直為我禱告。在那段時間，上帝讓我看見我的罪，是我先破壞了他們。《聖經》說：『若不是耶和華幫助我，我就住在寂靜之中了。我正說"我失了腳"，耶和華啊，那時你的慈愛扶助我。我心裡多憂多疑，你安慰我，就使我歡樂。』[1] 正是我那時的寫照。

「當我完全走出來後，才發現根本沒愛過那男的，只因好強的個性。所以，年幼不成熟時的感情是很可怕的，連自己都釐不清楚，常以為對異性欣賞或有好感就是愛情。還是要到一定年齡，像我和菲力，心智各方面都較成熟了，才會真正知道所愛的是誰。」

強尼和辛西婭聽了，心裡五味雜陳！

半晌後，強尼先說：

「哥，你有空時，可不可以陪我去打籃球和游泳？」

菲力說：

「當然可以。」

辛西婭也說：

「妙莉姐，妳有空時，可不可以陪我去逛街挑選衣服和CD？」

妙莉說：

「當然可以啊！」

菲力和妙莉彼此對望，發出會心的微笑。知道伊蓮和梅洛託付他們的任務已經完成！

註：

1 詩篇 94:17-19

【芝心婷語】

- 當孩子常對著鏡子傻笑，又開始注意髮型衣著時，可能就是情竇初開時。
- 孩子想談戀愛，多半是受社會資訊、電影、電視愛情劇過度影響。
- 有時，讓年輕孩子安慰年輕孩子，更為妥當。
- 孩子常誤以為，對異性欣賞或有好感就是愛情。
- 教導孩子，當年齡較長、心智各方面都較成熟時，他才會真正知道所愛的是誰。

16 走出遊戲世界

人物

父親（修車公司經理）　　兒子：俊凱

母親：楊舲　　女兒

楊舲站在教會講台上說：

「感謝上帝給我這機會作見證，去年的今天，我還生活在一個毫無盼望的黑暗世界裡。我十五歲的兒子俊凱，沉迷在網絡遊戲的世界裡，無法自拔，荒廢學業，桀驁不馴，難以管教，幾乎到無可救藥的地步。

「首先我要承認，我和丈夫的過錯，因工作太忙碌，放任俊凱上網及玩電子遊戲。他每天一下課，就玩遊戲直到深夜，不眠不休，完全沉溺在遊戲世界裡。以至無心向學，學業一落千丈。學校老師要我們嚴格管制他上網的時間。我每天苦口婆心規勸管制，都無濟於事，反而遭致更激烈的衝突。老師建議我參加學校的講座。

「在講座中，我才明白一切都是我們的錯。『電玩成癮』不是突然發生，乃是逐漸形成的。是我們沒在俊凱最初接觸網絡時，就訂下使用電腦清楚的界線和規則，例如：每次只能上網半小時或一小時；更不曾花時間，去了解或察看他上何種網站？何時上網？又都玩何種遊戲？因而，錯失最關鍵的管教時機，甚至喪失掌管家裡電腦的主權。以至於，發現他已成癮後，才想強行介入管教，為時已晚，他必忿怒抗爭。

在盡頭尋找上帝

「我們試圖亡羊補牢，在電腦上裝置線上計時器，時間一到，便會自動將使用者踢出去，以監控網絡使用情形；或加入某網站，可自動記錄、追蹤上網時間，及報告使用者所瀏覽過的網站；甚至強硬關閉網絡，拆除電腦等，但都只引發更大的衝突。俊凱甚至瘋狂暴怒，歇斯底里地摔東西，打破牆壁，口暴粗話威脅，若不讓他用電腦，他就自殺！吵鬧聲，數次引來鄰居的詢問。

「那時，家裡根本就像戰場，我天天以淚洗面，丈夫受不了要報警把俊凱抓去關，被我攔阻後，他乾脆離家出走，躲到朋友家去住，留下我獨自奮鬥，還要照顧十歲的女兒。我幾乎快崩潰了。這時，才想到要找上帝，因為已經到了盡頭，再也承受不住了。」

楊舲說到此，淚流滿面，有姐妹為她遞上面紙。她擦乾眼淚，吸吸鼻子，哽聲繼續說：

「我跪在地上，向上帝呼求，求祂救我，幫助我！我問祂，為什麼，為什麼我的家、我的兒子會變成這樣？我在滿眶淚水中，彷彿聽見上帝問：『妳愛我，比愛工作更深嗎？』[1]

我說：『主啊，祢知道我愛祢，但我也需要工作。』我又聽見上帝，再次問我同樣問題。我淚眼模糊想，難道上帝不要我工作？我又聽見上帝說：『如果妳愛我，就辭去工作，專心照顧孩子。因為他們也是我所愛的。』

「後來，我果真順服辭去工作。說也奇怪，第二天，丈夫就回家了，學校也通知我們，要俊凱休學一個學期，因為他的心理和精神出了問題，在學校不能集中精神，無法與人互動，因沉溺於網絡遊戲世界裡太深，無法走出來。

轉移注意力

「因此，我開始請教會弟兄姐妹們為俊凱禱告，這是一場屬靈爭戰。我聽說過一位青少年，因迷戀玩邪魔鬼怪的電玩，以至於常作惡夢，常看見幻影，最後竟跳樓自殺了。俊凱則因長時間沉溺在遊戲中，精神過度亢奮，造成睡眠及生理狀況紊亂。一旦戒斷，就會出現疲憊、頭痛、噁心、厭食、失眠、體重驟降，精神不集中等症狀。

「及從電玩中，那種屢戰屢勝、惟我獨尊，擁有無上權利的滿足感中，突然墜落至無法適應現實生活，及人際關係的孤獨感和挫敗感中。為了不讓他有機會空虛無聊，全家陪他去旅遊、運動、騎腳踏車、爬山、釣魚，慢慢轉移他的注意力。而他最有興趣的是，去他父親任職經理的修車公司學修車。也因此體會到修車技術人員工作的辛勞，後來激發他回學校後，更加奮發向上的精神。

「感謝上帝，祂使我在困苦中更寬廣[2]，學習到更深地依靠祂。而一切苦難，都是為了要讓我們更蒙福。也謝謝大家的代禱，陪我們一起走過低谷，把一切榮耀都歸給上帝！」

楊舲下台後，許多家中亦有青少年「電玩成癮」的父母們，立刻圍著她，請教協助的辦法。原來上帝讓她經歷這些痛苦，是為了要成為別人的幫助和安慰！

註：

1 參閱約翰福音 21:15

2 參閱詩篇 4:1

【芝心婷語】

- 「電玩成癮」不是突然發生，乃是逐漸形成的。
- 父母必須在孩子最初接觸網絡時，訂下使用電腦清楚的界線和規則。
- 父母應隨時留意察看孩子上何種網站？何時上網？及玩何種遊戲？
- 父母擁有掌管家中電腦的主權。
- 父母若拿捏好管教孩子的關鍵時機，在電腦上裝置監控網絡追蹤器，會有一定的幫助。
- 孩子迷戀電玩，大多是因空虛無聊，若能豐富其生活，轉移其注意力，必能改善。
- 人的盡頭，常是上帝賜福的開端。

17 有一件事我知道

人物		*地點*
父親：馬修	兒子：朗迪	美國洛杉磯
母親：卡柔	兩位教會姐妹	

卡柔在廚房洗碗，朗迪說要出去一下。卡柔立刻為他的平安禱告，這是多年來的習慣，只要孩子一出門，不管是去哪兒，總要告訴上帝才會感到平安。

第二天朗迪去上學了，剛才出門不久的丈夫馬修回來了。他在抽屜裡翻查，面色凝重地問卡柔：

「昨晚朗迪有出去嗎？他偷開我的車，駕駛座被移動過，後視鏡也被調整過，車子右邊下方有兩條深刮過的痕跡，從右到左，車漆整個剝落了。我查過抽屜，另一把備用車鑰匙不見了。」

卡柔驚懼莫名，無法置信地說：

「昨晚九點多，他說要出去一下，大概就是那時候吧！」

這事非同小可！馬修立刻打電話去公司請假，和卡柔一起跪地禱告。他們先省察自己的過犯，祈求上帝赦免，並賜下合一的靈。之後，卡柔在朗迪房間找到那把遺失的車鑰匙，罪證確鑿。

朗迪放學後，他們問起這事，他起初不承認，當他們解釋「無照駕駛」，是多麼危險且關乎人命的事後，馬修說：

「你自己跪地向上帝禱告吧！求祂赦免你的罪。」

卡柔也說：

「這是你和上帝之間的事，除了你自己，沒有人可以幫你面對。」

眼前一片黑

朗迪知道逃不過上帝的眼目，於是跪地認罪，同時向父母認錯。之後，他們一起按手在他身上為他祝福禱告。這時，朗迪才說：

「我想偷開車去超市買飲料，沒想到一啟動引擎倒車時，眼前一片黑，什麼也看不見。驚嚇中趕緊把車開回原位，不小心撞到一旁的防火座，所以刮壞了車子。」

卡柔說：

「車子泊在公寓露天停車場，那裡徹夜燈火通明，怎會一片黑暗？分明是上帝遮蓋了你的眼睛，阻止你開上街，免得造成可怕的車禍。你根本不會開車，若不是上帝保守你，後果真不堪設想！」

卡柔想起他一出門，她就禱告的事，上帝果然垂聽了她的禱告。

這事深深烙印在朗迪腦海中。因全家謙卑俯伏在上帝面前，沒有爭鬧衝突，而度過了這場風波。這車原是預備明年朗迪十八歲時給他開的，美國加州法律規定十六歲即可開車，但因他個性還不穩定，他們決定十八歲才讓他開車，沒想到他卻先損壞了自己的車！

違法假執照

一年後，朗迪能開車了。在這期間亦曾發生過一場車禍，也是因著禱告，車子全毀，人卻毫髮未傷。朗迪的第二部車是二手跑車，他把車身放低，輪胎、車尾巴全換了，卡柔和馬修看了只能搖頭，叮嚀他要注意安全。

有一天，朗迪從學校打電話回來，問他的皮夾是否遺落在家裡，卡柔在他房間找到皮夾。掛了電話後，她看到皮夾裡的駕駛執照，一顆心跳到喉嚨口！執照上朗迪的年齡是二十一歲。這是怎麼回事？她趕緊搜查整個皮夾，找到另一張一模一樣，照片亦相同的執照，只除了年齡不同。意思是，二十一歲那張是假執照！

她震驚莫名，全身發抖！她馬上跪地禱告：

「上帝感謝祢！藉這事向我顯明，朗迪在暗中所行違法的事。求祢救他脫離一切罪惡的捆綁和營壘，指示我當如何照著祢的誡命和教導，來養育這孩子。」

朗迪後來的解釋是：

「同學都這樣做啊，又不是只有我一個人！這是為了派對時可以買酒，及週末去夜店時，要滿二十一歲才能進去！」

然而，這些都不是藉口，朗迪更深地在上帝面前認罪悔改。全家也一起為他代求。

上帝沒有難成的事

兩年後，教會有兩位姐妹的兒子面臨同樣偷開車的問題，卡柔把如何倚靠上帝，陪朗迪走過成長過程的經驗告訴她們時，她們都搖頭。

一個說：

「我丈夫哪肯跪著和我一起禱告，他只會罵我，怪我沒教好孩子！」

另一個說：

「我們家也是。就算丈夫肯和我一起禱告，兒子也不會這麼聽話就認罪悔改。時代不同了，現在的年輕人只會對父母大吼大叫，哪肯聽這套！」

卡柔說：

「《聖經》說，耶穌醫好了一個瞎子，法利賽人和猶太人不信他以前是瞎子，他說：『有一件事我知道，從前我是眼瞎的，如今能看見了。』[1] 我也要說：『有一件事我知道，從前我兒子是極端叛逆的，如今他是一個敬畏主又喜樂的孩子。』只要信，上帝沒有難成的事！[2]」

卡柔知道回家後，要為這兩位信心軟弱的姐妹迫切禱告，免得她們落入撒但的謊言和詭計中！

註：

1 約翰福音 9:25

2 參閱耶利米書 32:17

【芝心婷語】

- 孩子犯錯時，父母應先省察自己的過犯，祈求上帝赦免。
- 教導孩子，認罪悔改，是他和上帝之間的事。
- 全家若能謙卑俯伏在上帝面前，必能避免爭鬧衝突，度過風波。
- 透過禱告，上帝會指示父母，當如何照著祂的誡命和教導來養育孩子。
- 上帝沒有難成的事。

18 只要我喜歡

人物		*地點*
史高先生	蜜雪兒的兩位同學	美國洛杉磯
史高太太	蜜雪兒的同學：喬治	
女兒：蜜雪兒	喬治的母親	
蜜雪兒的朋友：恰克	喬治的弟弟	

史高夫婦的女兒蜜雪兒，把朋友恰克借給她的 iPod 帶去學校，結果被偷了。她猜是喬治偷的，於是和恰克，及另外兩位同學，總共四人，決定傍晚去喬治家，逼他把 iPod 交出來。

他們一夥人到了喬治家時，整幢房子很暗。他們發現從側門可以直接走到後院，再進去屋裡。於是就躡手躡腳走進去。誰知他們的行動，被喬治的弟弟看見，他嚇壞了！他們也馬上全跑了。原來喬治的母親在洗衣房洗衣服，聽見兒子大叫，馬上跑出來，剛好看見他們跑走了。

喬治的母親事後覺得很不安全，於是報了警。警察來並且作了「私闖民宅行竊」的報告。

蜜雪兒回家後，把這事告訴史高夫婦。他們馬上要她和那幾名同學，一起去向喬治的母親道歉。

喬治的母親見他們誠心道歉，才說已經報了警，但答應會撤銷告訴。

史高夫婦以為這事會就這麼了結。豈知兩天後，蜜雪兒、恰克和那兩名男同學，都在學校被警察帶到警察局去了。原來喬治的母親確實撤銷了告訴，但「少年法庭」出面干預這案件，不肯撤銷。因為「私闖民宅行竊」在美國可不是小罪啊！

這幾名同學的父母，接到警察的電話後，紛紛趕去警察局保自己的孩子出來。幾個家長也因此認識了，追問之下，得到共同的答案是，這些孩子都認為：

「只要我喜歡，有什麼不可以啊！」

於是私闖民宅，犯了「無知」的罪！

少年犯干預組織

後來，因為他們都知錯，且是初犯，「少年犯干預組織」（Juvenile Offender Intervention Network）願意給他們改過自新的機會，不必上庭。

只要他們通過「程序方案」（J. O. I. N. Program），在他們的上課出席、學業成績及行為上受到監視。三個月內，完成五十個小時的社區服務，例如：學校、教堂、醫院、紅十字會、老人中心、流浪者之家等。彼此間私下不能交往見面，並且必須把一整年，每學期的學業成績報告寄給他們等。一旦通過這個方案，案子就會被撤銷，且不留案底。

蜜雪兒也被裁定一年不能和恰克見面，他們就讀不同學校，但彼此心儀。她淚流滿面地寫了一封信給恰克，約定一年後再見。

時光飛逝，一年將盡，還差一個多月即將完成這方案時，恰克透過同學傳話給蜜雪兒，想邀請她作高中畢業舞會的舞伴。這真難為了史高夫婦，「畢業舞會」對年輕人而言，是何等重大的事情！

所幸，史高先生有先見之明，在這一年期間，不但嚴格要求蜜雪兒下課後，去教堂所辦的幼稚園當助理，完成五十個小時的社區服務；還規定她每天閱讀一章舊約《聖經》，寫讀經報告。

史高先生對蜜雪兒說：

「讀經寫報告，是向上帝表明妳願意改過自新。祂必幫助妳通過這方案，案子就會被撤銷，不會留案底。」

史高太太則說：

「妳才十六歲，留下案底，將來還有什麼前途可言。《聖經》說：『我的幫助從造天地的耶和華而來。』[1] 又說：『上帝是我們的避難所，是我們的力量，是我們在患難中隨時的幫助！』[2] 所以，我們還是禱告吧！上帝必幫助我們。」

不敢再說「只要我喜歡」

後來史高夫婦去詢問「少年犯干預組織」時，得到的答案竟是：

「兩家孩子在這一年間，表現良好，可以『破例』讓他們參加畢業舞會。但條件是：一定要有一方的家長負責開車接送他們。只能出席舞會，之後，不能留下他們單獨相處。」

該組織的主任說：

「我也是基督徒。這些『讀經報告』讓我特別感動，因為這並不包括在社區服務的項目裡面。」

結果竟是如此令人喜出望外！

於是畢業舞會那晚，蜜雪兒穿得像公主一樣，恰克穿得俊帥挺拔，兩人共度了一個美好的、畢生難忘的舞會。

如今，這四位年輕人都完成並通過這方案，沒有留下案底，也都進入了理想的大學，展開了新的人生旅程。

問他們學習到了什麼呢？他們會說：

「不敢再說『只要我喜歡，有什麼不可以！』」

這句話的代價太大了。

至於，那惹出一切禍端的 iPod 下落，沒有人知道，也沒有人再追問！

註：

1 詩篇 121:2

2 詩篇 46:1

【芝心婷語】

- 教導孩子，犯錯要馬上誠心道歉，必蒙改過自新的機會。
- 教導孩子，不是「只要我喜歡，什麼都可以做！」。
- 教導孩子，「私闖民宅」是犯法的行為。
- 教導孩子，上帝是我們在患難中隨時的幫助！

19 少年心，父母情

人物

父親　兒子：亦軒　廣播電台主持人：程紅
母親：冰嫻　女兒

主持人程紅把預先錄好的〈父母情〉的錄音片段，放給亦軒聽。亦軒聽見母親冰嫻的聲音說：

「每當我兒子亦軒吼著：『別進我的房間！』、『別動我的東西！』、『別管我的事！』、『別煩我！』、『別命令我該做什麼，不該做什麼！』時，我的心就特別痛。我只不過是想和他多談點話，多關心他一點兒，難道這樣也錯了嗎？

「他出門時，我問他：『什麼時候回來，要去哪兒？要不要留飯菜給他？』他用輕蔑的態度和厭煩的眼神看我，好像我問了一個很愚昧、無知、莫名其妙且不可理喻的問題。再多問幾句，他就吼著：『妳再囉嗦、再嘮叨，我就永遠不回來！』我的心似乎碎了滿地。他怎會變得連我都快不認識了！

「如果我向丈夫抱怨訴苦，事情只會更糟，他們父子都是硬脾氣，兩人一吵起來，簡直像火山爆發，每次都像經歷一場可怕的夢魘。我們到底該怎麼做，才能改變狀況？我們這麼愛亦軒和他妹妹。去年我丈夫曾失業半年，家裡經濟陷入谷底，為了不讓他們擔心，我們絕口不提這事。教會一直為我們禱告，後來我丈夫才覓得現在這份工作。我們只希望亦軒能快樂成長，要我們做什麼，我們都願意。」

亦軒聽得臉頰發紅，眼眶有些濕熱。他從不知道父親曾失業半年。

無所適從

這時程紅開始為〈少年心〉錄音，亦軒也很自然便進入狀況說：

「我只是不喜歡父母老是嘮叨、說教、規勸、叮嚀，我是獨立個體，我有自己的生活、隱私和尊嚴。他們不是在妹妹面前說：『這麼大了，還這麼幼稚！』就是在我表達意見和看法後，說：『你才幾歲，懂什麼！』讓我無所適從。

「要不就是表面很溫和，其實卻很專橫、霸道、不講理，他們最常說的就是：『因為是我說的！』、『我說不准就不准！』或是『因為我們是你父母，所以你必須聽我們的！』及『你說什麼？你怎麼可以跟我們這樣說話！』

「我知道他們愛我，但我已經十六歲了，我可以管理好自己。我無法表達，在這連我都感覺到，莫名的騷動、浮躁及情緒不穩定的衝動階段裡，除了以叛逆的行為和言語，來宣告我的逐漸成長，及渴望在家以外的世界，尋找到新的定位和方向時，我應該是什麼樣子，才不會讓他們受傷和傷心？」

與父母親近最後機會

程紅把亦軒的〈少年心〉，和冰嫻的〈父母情〉，剪輯成《少年心，父母情》的專集，在最受歡迎的基督教廣播電台，親子教育節目單元中播出時，受到廣大聽眾的熱烈迴響。

尤其是最後程紅在節目中的總結：

「當孩子說：『拜託啦，爸媽，我可以搞定！』時，這意味著作父母的，應該知覺家有青春『風暴期』和『矯正期』的兒女初長成，是家庭該重新調整步伐的時候了。不是孩子變了，是他們長大了，需要重新釐定親子關係了。

「倘若父母了解孩子這些毛毛躁躁、歇斯底里、劍拔弩張、不可理喻的行為背後，其實是一種深深的依戀，卻又不能不從父母的情感中抽離出來，重新塑造自己的人格，去適應面對外面的世界，找到自己的立足點時，心底那種失落、恐懼和不確定感。父母就會額外珍惜，一切已顯明，孩子正在脫離兒童角色，進入成人姿態，這是與父母親近的最後機會了。當他們進入大學，馬上就會面對『空巢期』，父母就會回想起孩子成長時，所經歷過的種種痛。

「許多父母都說，要在孩子『混亂的青春期』中，保持清醒是極困難的，說來容易做來難。但《聖經》說：『上帝不是叫人混亂，乃是叫人安靜。』[1] 又說：『我倚靠上帝，必不懼怕。』[2] 還說：『並不是我們憑自己能承擔什麼事，我們所能承擔的，乃是出於上帝』[3]。惟有倚靠上帝，才能使『少年心，父母情』，變成『快樂孩子，輕鬆父母』，全家一起平安度過這風暴期。」

冰嫻和亦軒也在這節目中，受到極大的激勵和安慰，同時學習到更多地包容和接納對方。他們對於未來，充滿了愛的盼望和信心。

註：

1 哥林多前書 14:33

2 詩篇 56:11

3 哥林多後書 3:5

【芝心婷語】

- ♥孩子不喜歡父母嘮叨、說教。他們是獨立個體，有自己的生活、隱私和尊嚴。
- ♥介於半大不小的尷尬期，讓青少年無所適從。
- ♥孩子因無法表達心中不穩定的情緒，常以叛逆的行為和言語，來宣告他的逐漸成長。
- ♥不是孩子變了，是他們長大了。
- ♥青春期，是家庭該重新調整步伐，重新釐定親子關係的時候了。
- ♥青春期，是孩子脫離兒童角色，進入成人姿態，與父母親近的最後機會了。
- ♥惟有倚靠上帝，才能使「少年心，父母情」，變成「快樂孩子，輕鬆父母」，一起度過風暴期。

20 離開你，我是誰？

人物

母親：席蕾　　兒子：多比

女兒：朵莉絲　　朵莉絲的同學：裘蒂

朵莉絲回到家，才知道母親生病了。難怪沒接電話，也不能陪她去應徵，她只好臨時找同學裘蒂陪她去。

席蕾有些虛弱地說：

「看過醫生，吃過退燒藥了。醫生說只是一般傷風感冒，按時吃藥，休息幾天就沒事了。真抱歉，媽答應妳，卻不能陪妳去應徵。今天應徵情況如何？」

朵莉絲說：

「甭提了，什麼拍『洗髮精』廣告！我看他們在那些應徵女孩身上動手動腳，一下要她們把胸口衣服拉低露出半個乳房，一下又要她們把裙子拉高幾乎看見底褲，我和裘蒂沒等到他們叫我名字時就先走了。八成是騙人的勾當！」

席蕾笑說：

「感謝上帝！我禱告這若不是祂的旨意，求祂關起這扇門，開啟另一扇門，是祂特別為妳預備的。於是妳便看見這些讓妳失望的事。」

朵莉絲說：

「裘蒂說，我很幸運，今天那麼多女孩去應徵，沒有一個是母親陪著去的，她們就算狼入虎口被人騙了，也沒有人知道。她說，雖然今天妳沒陪我去，但至少妳知道這件事。她說的真對，妳因為上班時間富彈性，常陪我和多比做每一件事。但為什麼妳明知這廣告可能是不實的，還願意陪我去？」

席蕾說：

「妳記不記得，去年妳們學校的校刊，有一期主題文章〈離開你，我是誰？〉，是妳投稿撰寫的，裡面說出了你們青少年成長過程內心的矛盾、掙扎、不確定和需求。所以我就特別……」

她說著，眼皮愈來愈沉重，居然睡著了。

充滿混亂、矛盾、衝突

朵莉絲知道母親的藥效發作了。她為母親蓋好被子後，跑去書架上找那期校刊。找到那篇她幾乎遺忘的文章：

> 我經常漫遊在多姿多彩的幻想世界裡，但我比小我一歲的弟弟多比隱藏的更好。他經常雄心萬丈，對他的抱負和理想大談闊論，而父親總是嗤之以鼻訓他一頓：「少作白日夢了！這些都是血氣方剛，不切實際，胡言亂語的話。你還是老老實實把書讀好吧！」
>
> 為什麼不呢？「夢想」是我們青少年最早想脫離幼年角色，邁向外面花花世界隱形的翅膀。它讓我們能安

心地飛翔。一旦落入實際，我們就必須在追尋獨立自主，及脫離原有的依賴親密關係中，找到平衡點。我們一邊希望愈快長大愈好；一邊又對外面海闊天空，失去父母保護，沒有界線的世界，感到惶恐、失落和不安。

我們在心中吶喊「離開你，我是誰？」，我們應該如何確定自己的新角色。我們突然長高，有了「大人」的雛型，逼得我們不得不「長大」，但心智卻仍趕不及外表的改變。於是我們沮喪、焦慮、生氣，不斷和父母吵架、頂嘴、衝突；看見他們傷心，我們表現得很冷酷，其實心中很痛，又無法自已。

我們渴望被關愛、了解，又痛恨囉嗦、干涉；想奮發圖強，又意志薄弱；感情豐富，卻憤世嫉俗；心靈脆弱，害怕孤獨，渴求安全感，卻又想爭取獨立自主。總之，我們充滿了混亂、矛盾和自我衝突……。

寬闊成長空間

朵莉絲突然間明白，母親一切的愛心和用心了。第二天下課後，她在母親床邊照顧她時，說：

「原來妳因著那篇文章，不但陪我參加舞蹈、烘烤餅乾比賽，參加電視益智問答節目，去服裝店應徵臨時工作；又陪多比參加話劇、辯論、棒球比賽等，還和我們一起參加教會暑期短宣隊，去墨西哥傳福音，讓我們自己摸索、尋找和成長。妳從不取笑我們的無知，或限制我們，讓我們盡情嘗試各樣新鮮事物。」

席蕾笑說：

「我希望你們姊弟可以有一個很不一樣、蒙上帝祝福又快樂的青春成長期。你們不會懼怕，離開了父母，就不知道自己是誰。你們永遠有上帝的同在。《聖經》說：『你看見辦事殷勤的人嗎？他必站在君王面前，必不站在下賤人面前。』[1] 上帝必會慢慢顯明你們未來的恩賜及才幹，但首要條件，就是要作一個『殷勤』的人。我看你們凡事殷勤，將來在上帝的事上，也必不至於閒懶不結果子。[2]」

一個星期後的母親節，席蕾的感冒幾乎痊癒了。她收到丈夫的鮮花，及女兒和兒子贈送的禮物與卡片。卡片上朵莉絲和多比一起署名寫著：

「親愛的母親，謝謝您給我們一個如此寬闊成長的空間。讓我們在這莫名又無所適從的青春期，對於外界的探索與嘗試，不再感到恐懼與艱難，因為有著一個以上帝為堅固磐石的家，在背後長久安穩地支撐著我們。祝您母親節快樂！」

註：

1 箴言 22:29

2 參閱彼得後書 1:8

【芝心婷語】

- 「夢想」是青少年最早想脫離幼年角色，邁向外面世界隱形的翅膀。
- 青少年希望快長大；又對外面失去父母保護、沒有界線的世界，感到惶恐、失落和不安。
- 青少年在尋找新角色時，常易陷入沮喪、焦慮、生氣，及和父母吵架、衝突中。
- 青少年渴望被愛，痛恨囉嗦；想奮發圖強，卻意志薄弱；害怕孤獨、渴求安全感，卻又想獨立自主，充滿矛盾。
- 青少年需要一個堅固安穩的家，支撐他們在外的探索與嘗試。

21 黃昏的一堂課

人物		寵物
何太太		臘腸狗
邵先生	路過的青少年	巴哥犬

何太太和邵先生是街坊鄰居，經常在黃昏遛狗時打照面。這天，他們又見面了。何太太說：

「這臘腸狗，是我兒子從同學家抱回來的，說會自己負責，結果都是我在餵養、洗澡、遛狗。他一吃過晚餐就黏在電腦前，叫也叫不動！」

邵先生也說：

「這巴哥犬也是我兒子吵著要養的，我想他有個伴也好，誰知他根本沒空遛狗！」

何太太邊走邊說：

「別說是照顧狗了，我兒子現在十五歲，連我都覺得他忙得沒時間給我了。以前還常摟摟抱抱，送他到學校，下車前也都會先親親臉頰說再見。現在不止不給親，一下車頭也不回就跑了。還有許多細微的小動作，都明顯要和我保持距離。我傷心了好一陣子，也很不習慣，好像一直以來，他是我生活的全部重心，是我的寶貝，突然間就不理我了。」

邵先生說：

「我是男人，最懂男孩成長過程的心態。我像你兒子這年紀時，也很抗拒母親的擁抱、撫揉或親吻。這些親密動作，會讓我在同學面前被嘲笑為長不大的男孩，又因為生理和身體的驟變和成長，也會讓我感到尷尬和不自在。」

何太太說：

「你的意思是，以後我都不該和他有親密接觸？」

邵先生說：

「也不是。親密接觸是一種親子間傳達愛和關懷，重要的『肢體』語言。當男孩漸漸長大後，他們會用其他方式，如點頭、微笑、擊掌、拍掌、大聲說再見，或渴望得到母親鼓勵、加油式的擁抱，來取代幼年時身體的接觸。這時就算母親只是摸摸他的頭，不用多說話，他也會感受到愛。」

他接著說：

「作母親最大的問題就是，拒絕接受兒子的轉變和成長。我妻子就是因為視兒子為她全部的生命，以至於兒子拼命想擺脫她。這是母愛太多，非理性的親情作祟，總覺得兒子是她生的，兒子的一舉一動若不在她的視線範圍內，就會感到不安。」

何太太頓時開朗了，她說：

「原來天下的母親都是一樣的。我兒子好幾次對我吼：『我可以作我自己！』就是在宣告他的成長和地位。」

父親的脆弱

邵先生嘆口氣說：

「其實作父親也有失落和脆弱的地方。一個月前，我和兒子打籃球，居然輸得慘兮兮；上星期天和他一起騎腳踏車，上坡時又幾乎喘不過氣來；那天，我妻子非要等兒子回來，才把舊傢俱搬出去扔了。意思就是我體力不如從前了，兒子已經十八歲了，正是年輕力盛時，長得又高頭大馬，幹嘛不叫他幫忙！我感到莫名沮喪、恐慌和歲月不饒人。還記得兒子五歲時，他仰起頭，用充滿崇拜的眼光看我，一次次地投籃教他打球。轉眼間，他就青出於藍而勝於藍了。」

何太太安慰他說：

「我小時候常看父親和哥哥玩摔跤，直到有一年，哥哥居然把父親摔倒在地上爬不起來。父親當時很生氣，罰哥哥作伏地挺身五十次。哥哥還氣喘吁吁地喊：『父親不公平，輸得不光明磊落！』從那以後，他們就不再玩摔跤了。我想這就是父子間，父親男性象徵，從原本強壯保護者的角色，步入中年，體力逐漸衰退，感到不如兒子，甚至感到被威脅的微妙心境吧！」

邵先生笑說：

「原來天下的父親也都是一樣的。妳真是開導了我一課。我從小父親就過世，從不知道應該如何作好一個父親的角色。我正為我莫名的沮喪感到不安呢！」

把憂慮卸給上帝

何太太也笑說：

「我也不知道怎麼作個好母親。不過幸好我從小就在教會長大，遇見問題就禱告。《聖經》說：『你們要將一切的憂慮卸給上帝，因為他顧念你們。』[1] 上帝又說：『凡勞苦擔重擔的人可以到我這裡來，我就使你們得安息。』[2] 上帝更說：『他天天背負我們的重擔。』[3]」

邵先生眼睛突然亮起來說：

「有這麼好的上帝，我們全家也可以跟你們去教堂嗎？」

何太太說：

「當然歡迎啊！」

這時，兩隻狗兒突然吠了起來。

一名手抱籃球，一邊講電話的青少年走過來，他朝兩隻狗兒做了個鬼臉，邊走邊說：

「我母親就是愛管我，好像我的生活完全是屬於她的，我真受不了她凡事都愛擔心；我父親則是一開口就要訓我，不過他只敢動口，不敢動手，因為現在我長得比他還高大……」

他們兩人相視而笑，半晌，何太太才說：

「這個黃昏，我們都上了一堂極寶貴的課！」

邵先生拼命點頭。

註：

1 彼得前書 5:7

2 馬太福音 11:28

3 參閱詩篇 68:19

【芝心婷語】

- ♥青少年抗拒父母一貫的親密動作，是因生理和身體的驟變和成長。
- ♥親密接觸，是一種親子間傳達愛和關懷，重要的「肢體」語言。
- ♥青少年漸長後，會用其他方式，如點頭、微笑、拍掌、說再見等，取代幼年時身體的接觸。
- ♥母親最大問題是，拒絕接受孩子的轉變和成長。
- ♥父親的脆弱，來自於從保護者的角色，墜落至日漸衰退，不如孩子的失落心境。
- ♥父母可以藉著禱告，把一切憂慮卸給上帝。

Part 3

重整

22 不作完美父母

人物

A父親：大衛　　B父親：邁可

A母親：海倫　　B母親：南西

A大兒子　　A小兒子　　B兒子

小組聚餐結束後，大家都離開了，只剩下南西在等丈夫邁可來接她。邁可來了以後，海倫和大衛請他留下來吃塊蛋糕，喝杯水果茶，彼此能更加認識。邁可還未信主，他們的話題很自然圍繞在兩家青少年孩子身上。

邁可說：

「我兒子的胳膊就會往外彎，只要是別人說的都是對的，都是好的！我教他十件事，還不及別人一句話，就否決掉我一生的經驗和智慧的教導。他做的每一件事，說的每一句話，都是存心想氣炸我！他說：『你又不是萬能博士，什麼都懂！』你們說氣不氣人！」

大衛笑說：

「我小兒子也是一樣啊！我一輩子沒下過廚，有次海倫不在，我親自下廚，做了他最愛吃的雞肉通心粉，結果他居然說同學的父親做的比我做的好吃！若是在以前，我一定會大發雷霆，但現在我卻很開心，珍惜我們父子一起用餐的美好時光。

作妻子兒女的僕人

他說：

「這種改變，是因為聽了牧師的一篇講道說，主耶穌說：『在你們中間，誰願為首，就必作眾人的僕人。因為人子來，並不是要受人的服侍，乃是要服侍人，並且要捨命作多人的贖價。』[1] 牧師說，父親身為『一家之主』，就是要作妻子兒女的僕人，服侍他們。這種謙卑，整個推翻我以往的觀念和想法，讓我經歷到父子間像朋友般，從未有過的親密關係。兒子還教會我，只要上網，什麼食譜都可以找到，要做出任何美味佳餚都不是問題。」

他又說：

「我父親是軍人，我從小受他鐵一般紀律的管教，在他面前大氣也不敢吭一聲，更甭說感受到什麼父愛。結婚後，我也以同樣方式管教兩個兒子而不自知。直到大兒子出事後，才悔不當初。」

南西在一旁解釋：

「他們大兒子兩年前因滑雪發生意外過世了。大衛剛才提的是小兒子，和我們兒子一樣，今年十七歲。」

海倫補充說：

「我們在大兒子過世後，整理他的遺物時，才在他的日記裡閱讀到，他何等渴望父母能像朋友般，親密地陪他成長。以前我們總以為，我們要作『完美父母』、『萬能父母』、『無所不知的父母』，甚至『永遠不會錯的父母』，要嚴厲管教孩子，才能維持所謂父母的『尊嚴』。其實沒有什麼比用『愛』的教育，去和孩子相處更恰當了，尤其是在叛逆青春期。」

她說：

「現在我們對小兒子就完全不同了。我們樂於學習所有新知識，為了能更親近他的內心世界，我們也更加倚靠上帝，更加殷勤地禱告。才發現因電腦網絡科技的進步，與媒體知識傳播的迅速快捷，造成現代父母幾乎無法招架，或跟不上子女種種無可理喻的新觀念與行為。因此，我正在努力學習適應，用手機簡訊或電郵，來取代以往老是對兒子耳提面命、嚴厲嘮叨的說教。『活到老，學到老』，才能與我們的下一代，甚至下下一代有良好的溝通。」

在祂裡面有平安

南西說：

「我也覺得我們必須承認『父母並非萬能』，世上沒有『完美的父母』。當我們無法回答或解決孩子的問題時，我們可以告訴他們，給我們一些時間，我們必能找到最好的答案。我們必須『重整』與他們的關係，主動向他們靠近，否則就只會和他們『距離』愈來愈遠。」

邁可突然對海倫和大衛說：

「我可以問你們一個問題嗎？就是你們兒子發生意外過世，你們為什麼還能如此平安開放家庭聚餐。我的意思是，你們難道不生氣，你們的上帝沒有保守你們兒子的平安嗎？」

大衛沉默半晌後才說：

「這當然是經歷過很多傷痛後才有的平安。《聖經》說：『賞賜的是耶和華，收取的也是耶和華。』[2] 我們相信上帝有祂更美好的旨意，因為祂比我們更愛我們的兒子。祂為我們每一個人的罪，被釘死在十字架上。就因著這個，我們相信祂，兒子只是比我們早一步，到那更美好的地方，將來我們必要與他重逢。」

海倫也眼中泛著淚光說：

「上帝亦親自用祂的話語，安慰我們：『在世上你們有苦難，但在我裡面你們有平安。』[3] 又說：『你不要害怕，因為我與你同在；不要驚惶，因為我是你的上帝。我必堅固你，我必幫助你，我必用我公義的右手扶持你。』[4] 所以你看到的我們，是滿了平安與喜樂的。」

邁可說：

「在你們身上，我看見了上帝的愛。或許我也該試著向祂禱告，求祂幫助我如何作個好父親！」

海倫、大衛和南西不約而同喊：

「哈利路亞，讚美上帝！」

註：

1 馬可福音 10:44-45

2 約伯記 1:21

3 參閱約翰福音 16:33

4 以賽亞書 41:10

【芝心婷語】

- 父親是「一家之主」，要謙卑地作妻子兒女的僕人，服侍他們，必能經歷到與家人更親密的關係。
- 孩子都渴望父母能像朋友般，親密地陪他們成長。
- 不作「完美父母」、「萬能父母」、「無所不知的父母」及「永遠不會錯的父母」。
- 沒有什麼比用「愛」的教育，去和孩子相處更為恰當。
- 「活到老，學到老」，才能與孩子有良好的溝通。
- 父母應主動向孩子靠近，否則就會與他們「距離」愈來愈遠。

23 孩子的眼睛雪亮

人物
父親：佑輝　　兒子：陽陽
母親：美詩　　女兒：靜靜
美詩的姊姊：美姿（教會青少年團契輔導）

美詩又在電話中跟姊姊美姿抱怨丈夫佑輝的種種不是。

美姿說：

「我剛從你們家住了兩個星期回來，發現你們的問題，已嚴重影響到陽陽和靜靜的品格和性情。這兩個孩子自幼在父母教育原則不一致，經常唇槍舌劍、明爭暗諷下成長，早已養成只知一味迎合大人，察言觀色，沒有自己思想和主見的偏激個性。」

美詩說：

「這都是佑輝的錯，他總是在孩子面前批評貶低我。他讓孩子認為，我是一個不顧孩子需要，只顧自己揮霍購買名牌衣物、奢侈浪費的母親。」

美姿問：

「那妳是不是這樣的母親呢？這次我有機會和陽陽與靜靜一起查經禱告。我問他們：『記憶中最傷心的事？』靜靜馬上說：『我五歲，哥哥七歲時，父母帶我們去歐洲旅行。有一天，他們把我和哥哥關在酒店裡，讓我們看卡通錄影帶，自己跑去大肆採購。看完卡通後，天色已經黑了，他們還沒有回來。我嚇得哇哇大哭，哥哥一直抱著我。

「陽陽搶著說：『對啊，我還記得那時我也怕得要命，妹妹又哭得那麼大聲，我很怕父母如果永遠不回來，我們怎麼辦？』他們都永遠不會忘記這件事，尤其是靜靜，現在都十五歲了，說起這事眼裡還有淚光呢。」

美詩解釋：

「那次是因為購物完，計程車司機弄錯了，把我們載到很遠的酒店，後來才又開回去，所以回去晚了。沒想到他們還記得這事。」

予取予求，有機可乘

美姿說：

「我又問他們：『記憶中最快樂的事？』他們不約而同說：『小學時全家去國外旅行。那時父母都不吵架，全家很和樂。』可見他們多麼懷念那時的時光。」

美詩說：

「那是因為後來佑煇有外遇，他帶那女的，假借出國開會的名義到處旅行，我只要想到就心中有氣，所以就從此取消全家的旅行。」

「這事已過去那麼多年了，《聖經》說，上帝說：『我塗抹了你的過犯，像厚雲消散；我塗抹了你的罪惡，如薄雲滅沒。』[1]、『東離西有多遠，上帝叫我們的過犯離我們也有多遠！』[2] 又說：『你們不饒恕人的過犯，上帝也必不饒恕你們的過犯。』[3]

美詩說：

「我早就饒恕他啦，否則早就離婚了！」

「如果你真的饒恕他，就不會經常在話中諷刺他，好像是最近才發生的事。」

「他也經常在話中諷刺我，說我以前投資股票輸掉一幢房子的事。」

「所以你們經常針鋒相對，令孩子無所適從。孩子是很聰明也很敏感的。他們知道父母的喜怒愛惡，知道父母會答應些什麼，不會答應些什麼？陽陽就說：『我在父親那裡得不到想要的手機，就去母親那裡說，父親可以花那麼多錢給外面的女人，卻不肯買手機給我。母親馬上會氣憤憤說：別怕，媽買給你！』

「靜靜也說：『我想要一對新耳機，母親不給我買，我去跟父親說，母親常買名牌衣物，卻不肯買耳機給我。父親就會立刻說：這太過分了，放心，爸買給妳！』結果，就造成他們可以予取予求，有機可乘。」

父母態度要一致

美姿接著說：

「所以父母的態度、口徑和原則一定要一致，是非常重要的。我在教會青少年團契作輔導這麼多年，看過太多這種家庭。當孩子想在母親身上，得到父親不允許或不同意的東西和事情時，作母親的應該說：『你父親怎麼說？』或『你父親說的，也就是我的意思。』如此，孩子才能明白什麼是對與錯，什麼是真正需要，或不需要的。」

美詩說：

「可是佑輝不會和我配合，我自己改變有什麼用？」

美姿說：

「當然有用，當妳開始不在孩子面前批評貶低佑輝時，尤其是他外遇的過錯，孩子就會開始尊重父親。這陰影才會在妳心中，和在這家中真正連根除去。當孩子又在妳面前抱怨父親時，妳可以同情他們的感覺，卻不必同意他們的看法和說法。妳可以說：『如果你們不滿意父親，這意思是說，你們的父親非常需要你們為他禱告。』」

美詩又問：

「但如果我這樣做，佑輝仍然常在孩子面前批評貶低我，那不是對我太不公平了嗎？」

美姿說：

「妳放心，孩子的眼睛是雪亮的。當他們看見妳生命改變，不再批評父親，有一天，就算佑輝不自覺或無故批評妳，他們也會捍衛妳說：『我們的母親不是這樣！』」

美詩感激地說：

「姊，上帝實在太愛我了！祂讓妳這次有機會來我們家小住，就是要妳將祂的祝福，滿滿地帶給我們！」

註：

1 以賽亞書 44:22

2 詩篇 103:12

3 參閱馬太福音 6:15

【芝心婷語】

- 父母經常針鋒相對，明爭暗諷，會令孩子無所適從。
- 父母切忌在孩子面前批評貶低配偶。
- 父母對孩子的教導、態度、口徑和原則一定要一致。
- 孩子在父母面前抱怨另一方時，父母可以同情他們的感覺，卻不必同意他們的看法和說法。
- 「改變」從自己做起。

24 幸福，只是一道門

人物

父親：摩根　　女兒：多娜　　家庭社工：奧莉薇

母親：瑪琳　　兒子：強納生

奧莉薇是家庭社工，她照例和每個人面談。她問多娜：

「妳可以把整件事發生的過程說一遍嗎？」

多娜說：

「那天吃晚餐時，父親喝了酒，脾氣異常暴怒，對母親大吼大罵。他們因一些事起爭執，父親甩了母親一記耳光。母親摀住臉和父親爭辯，父親更加生氣，又是一記耳光，然後轉身就要離開。這時，十六歲的弟弟強納生突然竄向前去，抱住父親的腰，把父親推倒在地上，他們扭成一團。

「父親怒吼：『你竟敢打我，你想造反嗎？』強納生狂喊：『你這偽君子！你敢再打媽，我就打你！』他們扭在一起，我和母親嚇得拼命尖叫阻止。大概是吵架聲驚動鄰居報警。當警察來時，強納生正好抓住一本書，要往父親頭上敲去，被警察攔下來。結果他們兩人渾身瘀傷。」

奧莉薇問：

「這種暴力事件，經常在你們家發生嗎？我是指妳父親打母親，強納生打父親？」

多娜說：

「也不是，父親是打過母親，但像這樣連打母親兩記耳光，還是第一次。強納生也是第一次對父親動粗。」

奧莉薇又問：

「妳知道強納生為什麼動粗嗎？」

「大概是想替母親打抱不平吧！但，平常他總是對母親大吼大叫，把母親當傭人使喚，不知為什麼這次反倒會替母親出氣？」

設立清楚家規

面談完後，奧莉薇又單獨見強納生。她問：

「為什麼你覺得父親是『偽君子』？」

強納生不肯回答，奧莉薇鼓勵他，許久後，他才氣憤憤說：

「因為他總是『食言』，他不守信用，從小到大，他答應我的事沒有一次兌現！在親戚朋友面前，總是偽裝慷慨大方，搶著付錢，回家後又破口大罵人家！」

「所以你對父親動粗，替母親出氣？但又為什麼把母親當傭人使喚，還學父親對母親大吼大叫？」

「因為氣母親懦弱，忍氣吞聲，既然她願意當可憐蟲，就當個夠吧！和傭人有什麼差別？對她大吼大叫，是因為學校和家裡都讓我發瘋，快煩斃了！」

面談完後，奧莉薇又單獨和瑪琳見面，她說：

「青少年對父母攻擊或施暴的事件，在現今社會仍屬少數個案。你們家情況尤其特別。我看過你們的資料，你們夫婦都受過高等教育，為什麼會發生這件事？」

瑪琳說：

「我先生被公司裁員半年多了，至今尚未找到工作，所以脾氣愈來愈壞。我了解他的心情，為了息事寧人，保持家中和樂，不願和他吵。沒想到，兒子看不過眼，竟和他衝突起來！」

奧莉薇說：

「通常兒子會對父親施暴，意味這個家沒有設立清楚的規矩。也就是說，你們是父母，他是孩子。當你允許兒子把妳當傭人使喚，就會讓他忘記自己的角色。當界限被超越，規矩被打破時，全家都會失去方寸。尤其是，家中有兩個正值青春期，生理和心理上都正面對驟變的子女，他們更需要父母的愛。」

全家都需要上帝

面談完後，奧莉薇又單獨見摩根。她問：

「你覺得自己在這次事件上，有錯嗎？」

摩根說：

「酒醒後就看到自己的錯。至少我不該打妻子，但兒子也太混帳了！」

奧莉薇說：

「父母應該以身作則成為兒女的好榜樣。你用暴力對待妻子，兒子為了保護母親，就會有樣學樣，用暴力對待你。答應孩子的事，無論如何一定要兌現。一旦孩子認定你是『偽君子』，就很難取得他們的信任和尊重了。」

摩根說：

「我知道兒子生氣我，我答應他考三科A，就給他買新電腦。他果然考到三科A，我也以為那天我的工作面談會成功，誰知還是失望。我連工作都找不到，又不想增加妻子的負擔，怎麼給他買新電腦？」

奧莉薇說：

「要找工作就得找上帝！《聖經》說：『你要記念耶和華──你的上帝，因為得貨財的力量是他給你的。』[1]不只是工作，你們全家都需要上帝。我當家庭社工這麼多年，見過太多破敗的家庭，沒有人能真正幫助你，除了上帝！」

「那，我到哪裡可以找到上帝？」

「教堂，只要勇敢跨進教堂那道門。」

一年後，奧莉薇在「基督書房」遇見瑪琳，瑪琳告訴她：

「我們全家都信主了。也不知道是誰告訴摩根應該去教堂。反正他去了教堂，跟上帝禱告說：『祢如果讓我在一個星期內找到工作，而且戒掉煙和酒，我就信祢是真的。』結果，不到三天，上帝就全部成就了。他現在整個人都變了，脾氣好，有自信，而且很喜樂。原來，只要踏進教堂那道門，裡面就是通往永生和幸福的道路！」

奧莉薇笑說：

「感謝上帝！」

心底沒說出口的是：

「垂聽了我的禱告！」

註：

1 參閱申命記 8:18

【芝心婷語】

- 孩子會對父母施暴，意味沒有設立清楚家規。
- 當界限被超越，規矩被打破時，全家都會失去方寸。
- 父母應以身作則成為孩子的好榜樣。
- 父母以暴力相對待，孩子就會有樣學樣，以暴力對待父母。
- 答應孩子的事，無論如何一定要兑現。
- 一旦孩子認定父母是「偽君子」，就很難取得他們的信任和尊重了。

25 七種愛的任務

人物		寵物
父親：書幃	伊師母	狗：YoYo
母親：馥嫣		天竺鼠：QQ
雙胞胎兒子：佳峻、佳崎		
佳峻、佳崎的舅舅（學校教官）及表姊、表弟		

馥嫣對伊師母說：

「今天我和書幃來找妳，實在是因為親子關係，已到了幾乎破裂難修的地步。我們的兩個十五歲的雙胞胎兒子佳峻和佳崎，自從進入青春反抗期後，家裡總是處在極端緊繃、劍拔弩張的氣氛裡。

「書幃發起脾氣時，就打佳峻，佳峻被打後，就跑去打佳崎，佳崎被打後，跑去打狗狗YoYo，YoYo被打後，就汪汪叫跑去欺負嚇唬天竺鼠QQ， QQ嚇得渾身顫抖，挺著頭大腳短、圓滾滾的身體，在鼠籠裡東奔西竄，總是弄得這般雞飛狗跳的局面！」

伊師母笑說：

「這要追究回源頭，是什麼讓書幃發那麼大脾氣？」

書幃馬上解釋：

「現在的孩子，教訓他一句，頂你三句；教訓他三句，吼回你六句，還甩門、扔東西，給你臉色看！哪像我們小時候，父母臉色一變，我們大氣都不敢吭一下。總之，就是要氣得你火冒三丈、暴跳如雷，非好好修理他一頓不可！《聖經》亦說：『不忍用杖打兒子的，是恨惡他；疼愛兒子的，隨時管教。』[1] 又說：『不可不管教孩童，你用杖打他，他必不至於死。』[2]」

馥嫣立刻接腔：

「是不至於死，但也險些造成肌肉關節損傷。上星期，佳峻又和書韡起衝突，書韡在暴怒中拉傷佳峻的手肘，緊急送去醫院。幸好，骨科醫生照X光後，確定沒有骨折，只是手肘關節脫臼，經醫生處理後才復位。但從那以後，佳峻就不肯回家，在同學家住了三天，後來覺得不好意思麻煩同學，只好回家，但仍是不肯和書韡說話。

「我們只好把佳峻和佳崎，送到南部他們舅舅家去過暑假，在那裡有表姊表弟作伴，好歹可以舒緩一下家中緊繃的氣氛。但，我們到底應該怎樣照著上帝的心意管教孩子呢？」

父母共同責任

伊師母說：

「管教兒女是父母共同的責任。但切記：『打』孩子，永遠是最後的辦法。孩子年紀愈大，愈不適宜體罰，容易導致反叛及親子關係破裂。《聖經》有幾處章節提及管教的『杖』，是指較年幼的孩童，因其思維邏輯、分辨善惡是非的能力未臻成熟，適當的體罰可幫助他理解謹記自己所犯的過錯。」

她接著說：

「更重要的是，切忌在怒氣中或情緒裡打孩子。暴怒中打孩子，是發洩脾氣，是虐待，不是管教。書幃剛才提及『疼愛兒子的，隨時管教』，管教的前題，一定是要在『愛』裡面管教。惟有在心平氣和下，才能真正達到管教的目的。管教不是為了懲罰、威脅或給孩子疼痛，而是教導和糾正。其目的是為著孩子『將來』的好處，對父母，對孩子，都不是羞恥的事。」

書幃面有愧色說：

「坦白說，那天我在暴怒中弄傷佳峻的手肘，有一半原因，是因為最近公司一位能力比我差的同事，竟然被升遷，心中有氣，偏偏他又不知好歹、拼命頂嘴。」

伊師母說：

「所以在情緒中管教孩子，是非常危險的事。一旦失去理智，就會釀成難以彌補的傷害。體罰的工具，也要額外小心，以免孩子受傷；體罰的部位，不可打孩子的頭部、臉部及手腳，屁股是較佳部位；體罰時間，要在犯錯時，立即糾正；體罰程度，不宜過長或過度；體罰地點，避免在公眾場所或親人朋友面前。」

父母是家中教師

「還有，管教的方式，夫妻必須堅持一致。父母是家中的教師，不宜一個當黑臉，一個當白臉，要一起擔負起教導的職責；不論何時何地，外出，或在家，管教原則都要一致，孩子才不至於無所適從。」

她補充說：

「父母的手，深負七種『愛』的任務，是用來：禱告，餵養，安慰，牽引，鼓勵，扶助，擁抱孩子的，不是用來『打』孩子的。」

說完，伊師母為書幃和馥嫣的家作祝福禱告。

當學校快要開學前，馥嫣和書幃去接佳峻和佳崎回家時，書幃率先放下身段，跟兩個孩子說：

「對不起，爸爸以前常對你們亂發脾氣，請你們原諒我！」

他張開雙臂，兩個孩子彼此相視，然後，一起歡樂地撲進他懷裡。馥嫣也加入他們，全家抱成一團。

佳峻嚷：

「還是我們家好，舅舅好嚴厲又好兇喔！他在學校是教官，在家也一天到晚板起教官臉，表姊和表弟好慘耶！」

佳崎也嚷：

「我們快回家吧！我太想念我的YoYo和 QQ了，牠們也一定想死我了吧！」

註：

1 箴言 13:24

2 箴言 23:13

【芝心婷語】

- 「打」孩子，永遠是最後的辦法。
- 孩子年紀愈大，愈不適宜體罰，容易導致反叛及親子關係破裂。
- 切忌在怒氣中或情緒裡打孩子。
- 管教的前題，一定是要在「愛」裡面管教；心平氣和下，才能真正達到管教的目的。
- 管教不是為了懲罰、威脅或給孩子疼痛，而是教導和糾正。
- 管教的目的，是為著孩子「將來」的好處，對父母，對孩子，都不是羞恥的事。
- 父母是家中教師，不宜一個當黑臉，一個當白臉，要堅持一致，一起擔負教導的職責。
- 父母的手，是用來：禱告，餵養，安慰，牽引，鼓勵，扶助，擁抱孩子，不是用來「打」孩子。

26 因為我還有你

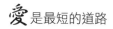

人物		*地點*
父親：史賓斯	安卓麗的姊姊	美國
母親：安卓麗	教會長老：蓋博	
兒子：西恩	教會幾個弟兄	

安卓麗跟教會長老蓋博說：

「因著弟兄姐妹及上帝的愛，我不得不說實話。我和兒子西恩加入這教會後，大家都很愛護我們這對單親母子。一直以來我告訴大家，西恩的父親史賓斯狠心拋棄我們，另結新歡，而且從未付過贍養費，還私吞房產，是我獨立撫養大西恩的。」

她羞愧地說：

「但事實完全不是這樣。當我和史賓斯結婚時，他是公司的副總經理，我們買了一幢房子。從小我的父母就偏愛姊姊，視她為掌上明珠，我完全得不到父母的愛。因此，我很恨姊姊，什麼都要跟她比。那時姊姊嫁給一位富商，住豪宅。我天天為史賓斯找工作，希望他能找到更高薪的工作，我們可以換更大的房子，不要輸給姊姊。」

她接著說：

「有一天史賓斯接到外州打來，約他面談總經理職位通知的電話，他一頭霧水，因為是我偷偷將他的履歷表寄出去的。他不肯去，但經我百般要求，甚至以離婚威脅，他只好去了。後來他果然得到那份工作。他被迫離開家。那時西恩才五歲，他要我儘快把房子賣了搬過去。但我不肯放棄當時高薪的工作，心想稍微忍耐幾年，很快我們就可以買豪宅了。

教會是上帝的家

「但兩年後，就出事了。史賓斯因生病孤單在外沒人照顧，他的女秘書殷勤照顧他，兩人擦出火花，我一直被蒙在鼓裡。直到有一天他說要離婚，因對方懷了孩子。我在暴怒下串通律師私吞房產。他因為愧疚，沒和我計較，也未曾虧欠過任何贍養費。一切都是我的錯，是我貪圖榮華富貴，自食惡果。每當我讀到《聖經》說：『夫妻不可彼此虧負，除非兩相情願，暫時分房，為要專心禱告方可；以後仍要同房，免得撒但趁著你們情不自禁引誘你們。』[1] 時，真是後悔莫及，但一切都已太遲了。」

她淚眼婆娑說：:

「現在我最擔心的是十六歲的西恩，他憤世嫉俗、心中充滿仇恨。因為從小我就灌輸他父親拋棄他，外面有女人的惡毒印象，他恨父親，不肯見他。尤其進入青春期後，就更變本加厲，常常大發雷霆，學校老師都說他需要看心理醫生，我該怎麼辦呢？」

蓋博安慰她說：

「妳就據實以告，請他原諒妳，同時教導他接受他父親，打開他仇恨的心結，慢慢他就會快樂起來。《聖經》說：『你們作長老的，務要牧養在你們中間上帝的羣羊，按著上帝旨意照管他們；不是出於勉強，乃是出於甘心；也不是因為貪財，乃是出於樂意；也不是轄制所託付你們的，乃是作羣羊的榜樣。』[2] 妳放心，我會連同教會一些有家庭的弟兄，一起教導、關愛、幫助他。

「他這年紀最需要一個好父親形像或成熟男性，作他健康成長的生活規範和楷模。他雖然生長於單親家庭，但教會是上帝的家，在這充滿愛的大家庭裡，他可以從愛主的弟兄身上，看見和經歷到天父上帝長闊高深的愛。當他心中有愛，認識愛，經歷過愛時，他就能去愛他的父親了。」

安卓麗眼中帶淚地點頭。蓋博又說：

「和西恩談話前，一定要先禱告，不要靠肉體做事。現在我們先一起為這事禱告吧！」

從鬱悶到開朗

當安卓麗溫柔卑微地據實以告，請西恩原諒她時，西恩低著頭，不吭聲，許久後眼裡流下幾滴淚水。他本想大吼：

「都是妳，都是妳的錯！所以我才會沒有父親！」

但他強忍著，轉身跑回房間去了。

接下來的日子，西恩從鬱鬱寡歡、悶悶不樂，漸漸開朗起來。蓋博和教會幾個弟兄，都很疼愛他，對待他如同自己的孩子，任何家庭、教會或戶外活動，都帶著他去，久而久之，西恩跟這些家庭的孩子們都混熟了，還為幾個比他小的男孩補習功課。他們可崇拜他了，他成了大哥哥，突然間長大又有了責任感；還經常跟著青少年團契，去孤兒院和監獄傳福音。

有一天，西恩正要出門，安卓麗小心翼翼問他：

「你父親打電話來說，下個月會來這裡開會，想見見你，你覺得如何？」

西恩頭也不回說：

「好啊，我也正想見他，和他傳福音，他需要認識上帝！」

安卓麗激動地說：

「你不生媽媽的氣了！我⋯⋯ 害你失去父親及一個幸福的家？」

西恩回過頭來說：

「我不生氣，因為我還有妳啊！妳從來沒有丟棄我，我比那些孤兒院的孩子好多了！」

安卓麗感動，嗚咽地哭了起來。

西恩給母親一個溫暖的擁抱，臉上帶著歡樂的笑容跑掉了！

註：

1 哥林多前書 7:5

2 參閱彼得前書 5:1-3

【芝心婷語】

- 惟有說誠實話，請求原諒，才能打開仇恨的心結。
- 單親家庭的青少年，需要一個好父親形像或成熟男性，作他健康成長的生活規範和楷模。
- 教會是上帝的家，青少年可以從愛主的弟兄身上，看見和經歷到上帝的愛。
- 當青少年心中有愛，認識愛，經歷過愛時，他就能去愛父母及身邊的人。

27 夢起飛的地方

人物		地點
父親：國峰（安妮的繼父）	安妮的生父	美國紐約
母親：凌蕥	安妮的繼母	
女兒：安妮	安妮的繼弟	
凌蕥的父母		

送完安妮上飛機後，凌蕥忍不住淚流跟國峰說：

「這孩子從小到大，從未離開過我。這次一個人從紐約搭飛機去香港見她生父，心裡一定很害怕。我知道她不太願意去，但她向來不和我頂嘴，只是不知她到了那裡，會吃住的慣嗎？而且一個人搭這麼長時間的飛機，真教人擔心啊！」

國峰說：

「放心，不會有事的。她能趁學校放假時，去經歷一下不同環境，增廣見聞亦是好的。再說她只去兩個星期，而且她身上掛著名牌，空姐會一路照顧她，包括轉機，直到把她交給她生父為止。他們會仔細檢查接機人的身分證件，是否與我們填寫的相符，才會把孩子交給對方。所以，不必擔心。安妮已經十四歲了，航空公司亦說，有些小孩才七、八歲，就常獨自搭飛機了。」

凌蕥哽聲說：

「謝謝你這麼大方，讓安妮去見她生父。就連我父母都常對別人說：『誰說第二次婚姻不會有幸福，我女婿多愛我女兒和孫女，讓孫女去補習、學小提琴，視她如同己出，還常全家去世界各地旅行，又非常孝順我們倆老。我們就是被他無私的愛感動，才會去教會信主受洗的。』」

愛讓美夢成真

國峰說：

「這是因為我經歷過前妻恨我，不讓我和兩個女兒見面的痛苦，我非常了解一個為父的心腸，也特別能領會天父上帝的心。我一點也不恨她們，相信時候到了，關係必能修復。我不希望同樣的事發生在安妮身上，所以鼓勵她去見生父。」

凌薙說：

「有次我聽見安妮和同學聊電話時說：『我很好奇，我生父現在是什麼樣子？從我兩歲，母親和他離婚後至今，我未曾見過他。繼父很愛我，他真是一位好父親。母親說，她曾向上帝禱告，如果她再婚，這男人一定要合上帝心意。結果，繼父就出現了，那時我五歲。母親說他是上帝特別為我預備的好父親。但是，我仍然有個夢想，就是希望有一天能再見到生父。』」

她說：

「這次你真是幫她圓了夢。你也知道她生父從未付過贍養費，但我因為後來信了主，相信上帝會牧養我們，因此從不追究。六年前他亦再婚生子，安妮這次去，不知她繼母會如何對她，這也是我看出她想去又害怕的原因。」

國峰說：

「夢起飛的地方，如果是以『愛』為出發點，就能美夢成真。因為上帝就是愛 [1]，從祂起首，結局也必然是充滿愛。《聖經》亦說：『使人和睦的人有福了，因為他們必稱為上帝的兒子。』[2] 當我們與上帝的關係和好時，我們與人的關係自然就會和好。這是不變的真理。我們都有過前面破碎的婚姻，上帝再給我們一次機會，這第二次婚姻，一定要依靠上帝的愛，才能建立在堅固的磐石上不被摧毀。」

他補充說：

「如果強硬禁止安妮去找生父，不但對她不公平，而且會造成她心裡更多不平衡，及對生父的種種渴想。不如讓她自由去接近，她才能快樂成長。」

凌蕥點點頭，眼眶又濕了。

美好的結局

當安妮從香港回來後，整個人都開朗了。她說：

「生父家裡擺著兩張我兩歲時的照片，那時我胖嘟嘟，看起來傻傻地，原來他從未忘記過我！我的繼弟現在五歲，好皮喔，天天黏著我，跟前跟後，跳上跳下，有時很煩，有時又很可愛。繼母很隨和，生父要她陪我去百貨公司買衣服鞋子，她挑選的全是我不喜歡的款式，生父也不知道我的口味，常常叫了一桌菜，都是我不愛吃的。還是紐約的家好，還是繼父更了解我、更疼我。香港太熱又太擁擠了！」

凌蕥和國峰不約而同笑說：

「那，以後還去不去啊？」

安妮想了想說：

「除非你們和我一起去，我不要再一個人搭飛機了，好無聊喔！」

一年後，他們全家去中國旅遊，回程時，特別停留香港一個星期。安妮的生父全家熱忱招待他們。星期天，他們要去當地教堂作主日崇拜，安妮的繼弟也吵著要去。兩家人相處得很融洽。回美時也是安妮生父全家送他們去機場。

拗不過繼弟的百般要求和糾纏，安妮答應他，明年暑假再來看他。

當飛機飛上空時，凌蕥說：

「你說得沒錯，夢起飛的地方，如果是以上帝的愛為起點，它的結局是何等美麗啊！我從未想過，有一天，我與前夫一家人的關係可以如此美好！」

國峰點頭，他們心中都充滿了感恩和上帝的愛！

註：

1 參閱約翰壹書 4:8

2 馬太福音 5:9

【芝心婷語】

❤幫助孩子圓夢，以「愛」為出發點，必能美夢成真。

❤我們與上帝的關係和好時，我們與人的關係就會和好。

❤第二次婚姻，更需依靠上帝，才能建立在堅固的磐石上。

❤夢起飛的地方，如果是以上帝的愛為起點，它的結局也必充滿愛。

Part 4

誘惑

28 閱讀憤怒的靈魂

人物

母親：黛拉　　　　教會姐妹：莎莉

兒子：賈斯汀　　　鄰居幾個小孩

黛拉打電話給教會姐妹莎莉說：

「賈斯汀又帶傷回家了，從小到大他總是傷痕不斷，這情況在他進入青春期後，就更嚴重。我問過學校老師，老師說男學生在校內校外打架，是常有的事。學校能管制的很有限，基本上還是要靠父母的督導和管教。

「我先生在外交部工作，賈斯汀從小跟著我們東搬西遷，住過十幾個國家。現在他十七歲了，但個子還是很矮小，每次被同學欺負回家後，就亂發脾氣，大吼大叫，把氣出在兩隻狗上，誘惑牠們互咬互打互傷，又滿臉仇恨，玩暴力血腥的電玩洩恨，我很擔心他會不會有暴力傾向，妳說我該怎麼辦呢？」

莎莉說：「我兒子青春期時也有同樣問題，但現在已大學畢業了。我借妳一本書《閱讀憤怒的靈魂》，這書是一位在男校高中任職二十五年的校長撰寫的，他也是教會的執事。這書幫助我了解兒子成長過程中，所要面對種種殘酷的文化，那是我們身為母親所不知道的。」

暴力文化充斥

當黛拉仔細閱讀這本書時，才明白男孩和女孩成長的世界何等不同？

書中描述：「人類史上第一宗殺人案，是『創世記』該隱殺了弟弟亞伯。該隱殺亞伯，《聖經》說是因為：『上帝看中亞伯和他的供物，只是看不中該隱和他的供物。該隱就大大地發怒，變了臉色。』[1] 該隱的大大發怒，惹動了『憤怒的靈』，使他殺了亞伯。在男孩成長過程中，這種『憤怒的靈』也根深地潛伏在他們心中，一旦遇到超乎他們所能面對、控制或壓抑的環境時，就會爆發出來。

「男孩出生時，哭的頻率就高過於女孩，他們無法壓抑任何飢餓或不舒適，但慢慢就被教導必須以強者姿態生存，有別於女性之天生是弱者。『男人有淚不輕彈』、『男人是英雄的化身』是他們自幼就被灌輸的觀念。

「以至於他們年紀愈長，愈需壓抑自我情感。男孩自幼口語、寫字及聽讀能力的發展都較女孩遲緩，較易接受圖表、圖像、聲音、色彩等教育方式，偏向體能活動，喜愛冒險、刺激、新鮮事物，無法規矩安靜坐著上課，調皮、搗蛋、愛玩、作怪、犯規等，幾乎是大部分男孩年幼時的寫照。

「然而，所有教育體制和方式，都與此背道而行，以至到了青少年時期，因心理生理遽變，所有壓抑的情緒都傾巢而出。來自同儕間的威脅、挑戰和羞辱更是無孔不入，尤其每到一個新環境，都須通過某種程度『暴力文化』洗禮才能融入其間。專家歸咎於『睪丸酮』（testosterone） 激素作怪，但毫無證據顯示與此有關。再加上，暴力文化充斥電影、電視、電玩中，向他們洗腦，吞食他們的心靈，造成惟有強悍、剛毅、暴力才能解決問題的假象。而這暴力背後的動機，多半是防衛性而非攻擊性或掠奪性，乃是因受到威脅。這時，惟有父母無條件的愛和禱告，能幫助他們度過這階段。」

黛拉恍然大悟，賈斯汀自幼跟著他們頻頻搬遷，受盡同儕羞辱，難怪受傷不斷。她只能禱告，求上帝跟他說話，並保守他如同保守祂眼中的瞳人。

都是上帝的孩子

這天，賈斯汀看見鄰居幾個小孩在吵架。

小女生對小男生說：

「你為什麼打他？」

小男生說：

「因為他先打我啊！」

小女生說：

「所以你就打回他，這樣打來打去，不是兩個都受傷了嗎？我媽咪說：上帝說：『有人打你的右臉，連左臉也轉過來由他打。』[2] 這意思是，每個人都是上帝造的，祂愛所有的人，祂不希望他們打架受傷，不管哪一個受傷，祂都會很心疼，所以你們只要有一個忍耐一下不還手，就不會再打下去啦！就像我和弟弟打架時，不管誰對誰錯，媽咪都不喜歡。因為不管誰贏，一定會有人受傷，她不喜歡我們任何一個受傷，因為我們都是她的孩子！」

賈斯汀突然明白，為什麼打架受傷的事總是和他形影不離了！

回家後，他跟黛拉說：

「媽，我終於明白，如果有人打你，你帶棍子去報復他，下次他就會帶鐵棒來打回你，你又帶小刀去對付他，他再帶大刀來砍你，你再帶小槍去射殺他，他再帶大槍來幹掉你，所有的仇恨都是這樣來的。以後，我不會再跟人打架了，因為只要我小心避開，不與人正面衝突，別人就奈何不了我了！一個巴掌拍不響，如果我不回應，他們就打不起來了！」

黛拉感激萬分說：

「我就知道上帝一定會跟你說話，用什麼方式和環境都不重要，重要的是，祂果然聽了我日夜迫切的禱告！」

註：

1 參閱創世記 4:1-8

2 馬太福音 5:39

【芝心婷語】

- 男孩心中潛伏著「憤怒的靈」，一旦遇到超乎他們所能面對、控制或壓抑的環境時，就會爆發出來。
- 男孩一旦踏入青春期，來自同儕間的威脅、挑戰和羞辱便無孔不入。
- 暴力文化充斥電影、電視、電玩中，向青少年洗腦，吞食他們的心靈。
- 男孩暴力背後的動機，多半是防衛性而非攻擊性或掠奪性，乃因受到威脅。
- 父母無條件的愛和禱告，能幫助青少年度過憤怒階段。

29 誰說我不配

人物

父親　　　　　　　　　　　　　兒子：小帆
母親：胡茵（小倩的繼母）　　　心理治療專家：蔣晴
女兒：小倩

胡茵跟心理治療專家蔣晴說：

「在妳之前，我已找過兩位專家，都無法醫治我女兒的病。我聽說妳不同於其他專家，是敬虔的基督徒，因此我抱著一線希望來找妳。」

她說：

「小倩是我的繼女，今年十七歲。我和先生結婚時，她才八歲。那時她每晚都作惡夢，不能睡覺，我總是陪她入睡後，才回自己房間。她常作惡夢，是因為六歲時，看見父母吵架，父親憤怒離家，母親哭鬧生氣在她眼前跳樓自殺。這夢魘一直糾纏了她好幾年。後來才好些。但前年她最親密的女同學車禍過世了，她又被死亡的陰影擄掠開始作惡夢。

「她睡不好，吃不下，起不來，在學校不能集中精神，把自己孤立在自閉、憂鬱、悲哀、自責和絕望的陰暗角落裡，老師要我帶她去看醫生，結果診斷出來是患了青春期『重度憂鬱症』。經醫生開藥和心理專家治療後，稍有起色。但後來又復發，情況比以前更糟，兩次吞藥企圖自殺，都被我救了回來。

「現在我每天都提心吊膽，不知還會不會有第三次，我先生甚至放棄說，她三番四次要尋短見，我們防得了多少次，防不住時，就讓她跟隨她生母去吧！但我知道她深受憂鬱症折磨，不是她選擇要這樣，但我應該怎麼幫助她呢？」

向上帝許願

蔣晴說：

「恕我冒昧直言，她生父都甚至要放棄她，妳是她繼母，為什麼還堅持要救她？」

胡茵眼眶盈淚說：

「不瞞妳說，我兒子小帆，是小倩和我一起每晚跪地禱告，求上帝賜給我的。當時我患了不孕症，小倩向上帝禱告要一個弟弟，我也向上帝許願，如果賜給我孩子，不管是男是女，我都會一生愛小倩如同親生。後來我果然生了兒子，現在都七歲了。但小倩卻患了憂鬱症，如果她真是自殺死了，我以後死了到上帝那裡怎麼向祂交差啊！」

蔣晴點頭說：

「心理治療只是研究人的心理，研究醫治『上帝所造的人』心理生病了。所以真正要倚靠的大醫生還是上帝，否則只是治標不治本，將來還會再犯。妳能配合我的就是禱告。」

胡茵問：

「那，我應該怎麼禱告呢？」

蔣晴說：

「就像當初妳『迫切』想得著孩子，那樣迫切地禱告。」

胡茵點頭。

當蔣晴見小倩時，她要小倩把心中所有「感覺」和「想法」寫出來。讓小倩與外界關閉的那扇門，藉由文字來打開，並將它具體化。所呈現的是：

「無助、絕望、焦慮、罪惡、悲傷、自責、內疚、疲倦；心神不寧、頭腦空白、急躁不安、坐立難安；持續憂鬱、自殺意念不斷、對事物毫無興趣、否定自身價值、是個失敗者。」

蔣晴跟胡茵說：

「小倩目前是屬『高自殺危險』指數，在家時妳要對她寸步不離。明天開始，我會陪她慢跑、做運動、騎腳踏車、曬太陽、畫畫、下棋、唱詩歌、讀經、禱告。最好能讓她盡情發洩，大哭一場，再從記憶中尋找快樂。」

宣告上帝得勝

豈料就在那天夜裡，胡茵因口渴起床去廚房喝水，她驚見小倩站在陽台邊，分分鐘鐘會跳下去。她嚇出一身冷汗，心裡大聲呼求上帝救小倩！一邊躡手躡腳靠近陽台，就在小倩正欲往下跳時，撲過去死命抱住她，小倩又踢又喊：

「不要攔阻我，我聽到有聲音叫我快跳下去，有人在等我！」

胡茵用盡所有力氣制住她。吵鬧聲驚動全家，一番折騰後，已近凌晨四點，小倩終於精疲力盡睡著了。胡茵立刻打電話給蔣晴，告訴她發生的事。

蔣晴說：

「我也是突然半夜驚醒，心裡很不平安，就一直為小倩禱告！感謝上帝讓妳半夜口渴，才救了她一命！這是一場屬靈爭戰，仇敵魔鬼如同吼叫的獅子，遍地尋找可吞吃的人。[1] 但妳放心，聖經說，上帝說：『我已經給你們權柄…… 勝過仇敵一切的能力，斷沒有什麼能害你們。』[2] 又說：『他發命醫治他們，救他們脫離死亡。』[3] 我們只要不住地禱告，宣告上帝已經勝過拆毀了小倩背後那自殺的靈！」

說也奇怪，自從那夜之後，小倩整個人清朗起來，她按時吃藥，完全配合醫生和蔣晴一切療程，她開始慢慢走出戶外，接受陽光；走入人群，與人親近互動。以前那種莫名捆綁她，令她幾乎窒息喘不過氣來，拼命將她往後拉的那股黑暗勢力，已被上帝的愛徹底粉碎！

當偶爾又有負面聲音在她耳邊響起：

「妳不行，妳不配，妳根本不值得上帝愛妳！」

她會立刻用蔣晴教她的語氣，大聲宣告斥責說：

「撒但！你退開！誰說我不配！上帝愛我，祂總是愛我，祂永遠愛我！」

註：

1 參閱彼得前書 5:8

2 路加福音 10:19

3 詩篇 107:20

【芝心婷語】

♥青春期「憂鬱症」症狀，包括：睡不好，吃不下，起不來，不能集中精神；持續憂鬱、悲哀、自責、絕望、自殺意念不斷、對事物毫無興趣、否定自身價值等。

♥「心理治療」，是研究醫治「上帝所造的人」心理生病了。真正要倚靠的大醫生是上帝，否則只是治標不治本，將來還會再犯。

♥要不斷迫切為「憂鬱症」的孩子禱告。

♥跑步、運動、騎腳踏車、曬太陽、畫畫、下棋、唱詩歌、讀經、禱告等，都能幫助「憂鬱症」的孩子，慢慢走出户外，接受陽光，走入人群，與人親近互動。

30 愛是最短的道路

人物

父親：傑夫　　兒子：丹尼爾

母親：金貝莉　　女兒：潔妮

「上帝啊，我感謝讚美祢保守丹尼爾的性命，雖然他仍沉迷於吸毒與酗酒的深淵中，但我相信祢的信實，祢愛他就必愛他到底；祢拯救他就必拯救他到底。我要一直這樣持續不斷禱告，直等到祢把他從仇敵惡者、黑暗權勢中搶奪回來。」

金貝莉日復一日，甚至禁食，用這種迫切宣告的禱告祈求上帝。

兩年前，她躺臥在鐵軌上決心自殺。當火車愈來愈靠近時，她閉起雙眼，豈知在千鈞一髮之際，有人撲過來救了她。這人是一位牧師。她知道上帝存留了她的性命。

三年前，她帶十三歲的女兒潔妮回娘家。十五歲的丹尼爾因身體不舒服，提前從教會舉辦的青少年退修營回家，親眼撞見父親傑夫帶女人回家，兩人光溜溜在床上。他驚嚇憤怒莫名，又不敢吭聲。她從娘家回來後，發現丹尼爾整個人變了，性情暴怒，極端仇視傑夫。他下課後，經常流連在外，結交一些不良少年，跟著他們一起抽煙、喝酒、參加派對。

金貝莉在他的日記裡閱讀到：

「喝酒不但能帶來興奮刺激，還可以逃避你不想見的人，你不想面對的事；讓你在極端痛恨與憤怒中解脫開來。酒精是一種止痛劑、安慰劑和麻醉劑。當你從起初的好奇與模仿，到可以像男人一樣大口喝酒，並喝得醉醺醺時，你覺得你站在世界頂端，通過一場熱鬧的成年禮，宣告你的獨立和長大。」

上帝不甘心使人受苦

是什麼讓丹尼爾心中充滿仇恨？金貝莉極其擔憂。直到有一天，丹尼爾喝醉酒回家，他又哭又鬧對傑夫喊：

「你這偽君子！你欺騙了媽，你在外面有女人，你根本不是一個好父親！」

又對金貝莉喊：

「爸根本就不愛妳！妳回娘家時，他帶女人回家上床，被我親眼撞見！他是個大騙子！」

金貝莉震驚莫名喊：

「你喝醉了，別再醉言醉語！」

他又哭又喊：

「我沒醉，我忍了太久，太痛苦了！我知道只要一說出來，這個家就完了！」

果然，這個家再也回不到從前了。

金貝莉和傑夫，從大吵大鬧、冷戰、分房，到最後傑夫搬出去與外面的女人同居，再也沒回家。就在此時，金貝莉的父親又因心臟病發作送去醫院，她連夜搭機趕去照顧他。留下丹尼爾和潔妮獨自在家。

豈知兩個星期後，她被警方通知趕回來認屍，因為丹尼爾週末帶潔妮去參加派對，青少年在裡面抽煙、喝酒、抽大麻、吃搖頭丸，當每個人都醉醺醺，目眩神迷時，有人尋仇縱火，潔妮不幸葬身火窟。

丹尼爾後來因自責過深，再也沒回家。學校說他已輟學。金貝莉因無法承受家破人亡的巨痛，決定自殺。然而上帝不允許。當她被救後，《聖經》的話光照她：「上帝並不甘心使人受苦，使人憂愁。」[1] 及「上帝必不永遠丟棄人。」[2] 她跪著痛哭流涕。上帝又給她一句話：

「愛，是最短的道路。」

上帝是一切問題的答案

是的，上帝就是「愛」[3]。祂是一切問題的答案，祂是世界的希望！撒但用盡辦法要拆毀她的家，她要勇敢站起來向牠宣戰。而禱告可以改變一切，可以看見上帝的作為。因為《聖經》說：「我們爭戰的兵器本不是屬血氣的，乃是在上帝面前有能力，可以攻破堅固的營壘……，將人所有的心意奪回，使他都順服基督。」[4]

她開始迫切禁食禱告，教會也迫切為她禱告。

半年後，傑夫竟主動向她認錯，並要求回家。他們彼此淚流滿面，在牧師面前認罪悔改。他們一起為丹尼爾爭戰。然而丹尼爾和一些幫派青年混在一起，吸毒、酗酒、淫亂，過著糜爛墮落的生活。

為了要救丹尼爾，她去「戒毒所」當義工，去認識毒品的種類，及吸毒後會有的反應和症狀。艱難的日子一直持續到丹尼爾十八歲生日那天。他突然回家了，跪在她和傑夫面前痛哭失聲喊：

「爸媽對不起！請你們原諒我！我真的不是故意要帶潔妮去派對，我不知道她會死在火窟中。兩年來我天天想她，我不能原諒自己，我真的不是故意要害死她！」

他們緊緊抱著他，淚流滿面，拼命點頭安慰他：

「回來就好。我們知道你不是故意的。」

一年後，丹尼爾戒毒重生後，金貝莉問他為何生日那天會突然回家。

他說：

「因為那天我吸毒後神智不清，他們送來一個女孩陪我睡覺，慶祝我生日。但正要親熱時，那女孩的臉突然變成潔妮的臉，她哀求喊：『哥，求你不要傷害我，我好害怕！』我突然驚醒，跑出去大吐特吐，大哭特哭！」

她說：

「所以你就回家了。感謝上帝！愛，果然是最短的道路。」

她想起他生日那天，她正用眼淚，掏心掏肺為他禱告！

註：

1 參閱耶利米哀歌 3:33

2 參閱耶利米哀歌 3:31

3 參閱約翰壹書 4:8

4 哥林多後書 10:4-5

【芝心婷語】

- 青少年喝酒，是因興奮刺激，逃避不想面對的事，及宣告自己的獨立和長大。
- 父母應關注禁止，孩子參加抽煙、酗酒、抽大麻、吃搖頭丸，甚至吸毒、淫亂的派對。
- 上帝是一切問題的答案，祂是世界的希望。
- 撒但用盡辦法要拆毀上帝兒女的家。禱告可以改變一切，看見上帝的作為。
- 當孩子誤入歧途，愛是最短的道路，帶他們回家。

31 知「性」之旅

人物

A母親：之韻　B母親：紫愉

A兒子　B女兒　教會姐妹：雅菁（衛生局主任）

A女兒　B兒子　性學博士：高亮節醫生

之韻和紫愉在咖啡屋巧遇教會姐妹雅菁和性學博士高亮節醫生。雅菁是「衛生局」主任，剛忙完每年舉辦一次的「青少年性教育宣導月」的講座。高醫生是這次講座的主講人。

之韻問高醫生：

「我兒子今年十三歲，我發現他床底下藏著一些色情雜誌，已有一段時間了。還有他會半夜偷上網瀏覽色情網站，這些會不會造成將來他不健康的性觀念，及他是否太早接觸這些？」

高醫生說：

「偷看色情雜誌、色情網站或A片，都是男孩成長過程中最公開的祕密。只要不沉迷其中就不會愈陷愈深無法自拔。一般而言，整個青春期，都是他們對『性』充滿好奇的階段，每個男孩因各人環境因素不同，有人或早，有人或晚，但遲早都會接觸到。就拿色情雜誌來說，男孩通常不會自己去買，但總會有人借給他們看。這都是一個過程。」

家庭性教育

紫愉也問高醫生：

「我兒子今年十四歲，我在他書包、抽屜裡，發現他收集不少女明星及女模特兒的泳裝照或清涼照。我每次幫他倒房間垃圾時，都發現垃圾桶裡堆滿了一團團的紙巾，起初我還以為是他感冒流鼻涕的關係，但他很健康啊。後來我拿來用鼻子嗅嗅，發現都是乾燥的精液味道，我懷疑他……」

她有些不好意思，停了一會兒才說：

「我懷疑……他是用這些照片來刺激他的感官和情慾，然後自慰。如果是，他的這種行為，是不是屬異常現象或性變態？」

高醫生說：

「青春期男孩自慰是非常普遍、自然的現象。如果你問一百個男孩，有過自慰經驗的舉手，百分之九十五都會舉手，剩下的百分之五，不是太害羞不好意思舉手，就是說謊。男孩經常在早晨起床時發現有夢遺的痕跡，他們夢遺的經驗常是自己無法控制的。

「我們首先要了解，男孩的發育期大約在十二至十三歲之間，比女孩晚兩年；女孩大約在十至十一歲間。女孩的初潮，第一次月經來潮；男孩的初精，第一次夢遺，都代表了性成熟的象徵。就像小孩的乳牙，到了一定時候，就會自然脫落一樣。」

他接著說：

「不同的是，女孩第一次月經來時，通常都會告訴母親，男孩則多半不會告訴母親第一次夢遺的經驗。又男孩藉著視覺、圖片或聲音的刺激，就可以產生性興奮，女孩則比較不會。因此當母親發現男孩收集女明星的泳裝照時，不要太大驚小怪，以為是異常現象或性變態。這時，父親若能及時和兒子作『男人和男人的對話』，可以幫助男孩健康成長，更專心於學業。雖然學校都有上健康教育課程，但父母和家庭，仍是教導『性教育』最好的人選和場所。」

身體是聖靈的殿

紫愉又問高醫生：

「我女兒十六歲，但她較晚熟，看見女同學都發育得亭亭玉立，自己還像小女孩，她有些自卑、焦慮，甚至懷疑自己是否不正常，我該怎麼幫助開導她？」

高醫生說：

「早熟和晚熟，確實造成青少年心理上一些衝擊。女孩晚熟易感到自卑、擔憂，但早熟，亦可能造成害羞不安、退縮及難為情的個性；男孩早熟較具優越感和自信心，也較受歡迎，晚熟則較易受到同儕間的輕視和排擠。這之間的差距，因各人不同，可達三至四年。男孩會擔憂自己的性器，陰莖的大小長短及性能力；女孩則會擔憂自己的乳房大小。但只要正面教導他們，讓他們明白這就像小孩學走路，有人快，有人慢，但最終都會走路。」

之韻又問高醫生：

「我女兒今年九歲，什麼時候是開始性教育的最好時機？該怎麼教呢？」

「一般來說，青少年在快進入性機能成熟前，也就是初潮和初精來前，就應該完成整個性教育過程。孩子太年幼尚未預備好，就灌輸他們性知識，他們會受到驚嚇。可以用最自然的方式，例如，動物的交配和分娩過程，再延伸到男人與女人正常健康的性關係。」

之韻說：

「女兒其實比兒子更令我擔心，總是怕她會在外受到性騷擾或被強暴。」

雅菁說：

「所以我們每年舉辦的講座，都會利用『性教育標語』，例如：『護衛小寶貝』、『不摸不碰』、『不接受挑逗』、『性自主，身自愛』、『性不性由你』等，來提醒教導青少年。特別是女孩，父母應教導她們身體哪些部位，不可隨便讓人觸摸或侵犯。親密關係的安全底線在哪裡？教導她保護自己，同時教導男孩尊重女孩，不可隨便侵犯對方的身體。《聖經》說：『你們的身子就是聖靈的殿，這聖靈是從上帝而來，住在你們裡頭的。』[1]因此最重要是，要為孩子能過純潔、蒙保守的生活禱告。」

之韻說：

「是啊，感謝上帝，讓我們今天能學習到這麼寶貴的知識。」

紫愉亦說：

「沒有巧合或偶然，一切都是祂的恩典！」

註：

1 參閱哥林多前書6:19

【芝心婷語】

- 男孩發育期約在十二至十三歲之間；女孩約在十至十一歲間。
- 青春期，是男孩對「性」充滿好奇的階段。父親若能和兒子作「男人和男人的對話」，可幫助他健康成長，更專心於學業。
- 父母和家庭，是教導「性教育」最好的人選和場所。
- 家庭性教育，應在孩子進入性成熟前即告完成。
- 父母應教導女孩保護自己，教導男孩尊重女孩，不可隨便侵犯對方的身體。
- 父母要常為孩子能過純潔、蒙保守的生活禱告。

32 青春性事

人物

學校家長會主席：戴爾

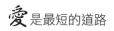

副主席：賈桂琳　　　高三男生：史蒂文、杰斯、艾力克

秘書長：萊斯莉　　　高三女生：蒂芬妮、崔娜、茱莉亞

學校「家長會」針對高中生「性氾濫」指數節節高升，舉辦了一場《家長與學生談心談性》座談會。由家長會主席戴爾代表父親，副主席賈桂琳代表母親，秘書長萊斯莉代表學校、教會與社工幾個不同角度，與三位高三男生史蒂文、杰斯、艾力克，及三位高三女生蒂芬妮、崔娜、茱莉亞六位學生對談。

主席戴爾首先發問：

「如果一位父親諄諄告誡你們，不應該發生『婚前性行為』，應該儘量克制避免時，你們的反應會如何？」

史蒂文回答：

「告訴我們不應該、不可以發生婚前性行為是不夠的，我們要知道『為什麼』不應該，『為什麼』不可以。我們渴望父母能坦誠教導，跟我們談論這問題，而不是老是下達命令或說教。」

戴爾說：

「你的回答非常有理。我以前像你這年紀時，也有同樣感受，只是不敢問父母。我們身為這一代的父母，應該早就打破

『性』一直以來、被視為禁忌話題的錯誤觀念和迷思。自然坦誠地教導你們，就像你們還是孩童時，教導你們不可以玩火，會被燒傷或燒死；不可以在馬路上玩耍，會被車撞傷或撞死一樣。

「這是一個先告訴你們『結果』和『後果』，所以一開始就『不可以』的原因和理由。然而有些孩童仍然不聽話，去玩火，去馬路上玩耍，以至於受傷或死亡。『婚前性行為』也一樣，告訴你們『不可以』，因為『結果』可能會感染性病，造成懷孕或墮胎，而深深影響你們的未來。」

上帝不喜歡

副主席賈桂琳問：

「如果一位母親告訴你們，年紀愈大，愈能了解自己，及愈能看得清楚感情和交往對象適不適合自己。因此過早發生性行為，不但會影響學業，也可能因感情受挫尋短見、感染愛滋病，或因懷孕無法撫養小孩等，而把自己陷入痛苦的深淵裡，你們的反應會如何？」

蒂芬妮回答：

「這是父母的感情觀，不是我們的感情觀。青少年大都活在『當下』，認為只要彼此真心相愛，並謹慎使用避孕套避孕，什麼年齡開始有性行為，不是特別禁忌的事。」

崔娜說：

「我們也早就聽說，大學生性生活很開放，每到週末男男女女，都各自找對象過夜。因此我們這些高三即將畢業的女生，都說情願把『第一次』獻給高中時自己所愛的男生，也不願將來在大學裡，失身於隨便、毫無禁忌的男女關係中。這也是為什麼，以前只有所謂成績不好的『壞學生』，會隨便跟男生上床；現在連許多守身如玉、名列前茅的『資優生』，也願意跟男生上床的原因。」

茱莉亞說：

「有些西班牙裔的女同學，高一時就懷孕，生完孩子後又照常回來上課。其中一個知道我還是處女時，居然大吃一驚，用很同情的眼光看我說：『妳好可憐喔，居然沒人愛妳！』但我一點都不覺得羞恥。我是基督徒，如果婚前就有性行為，上帝一定不會喜歡。我在乎上帝怎麼看我，不在乎人怎麼看我。」

貞潔價值觀須捍衛

賈桂琳說：

「這些都是女生的看法，男生怎麼看？交女朋友的目的是什麼？是否有長遠結婚的打算？萬一女生懷孕了怎麼辦？」

艾力克說：

「根本沒想過那麼多，交女朋友，是因為別人都有，不想跟不上別人腳步。而且男生都在說跟某某人有性關係，說某某人因怕懷孕，幫他打手槍或口交，說真的很想要有性經驗，說惟有通過性的途徑，才能成為真正的男人。至於懷孕，大家都說不會這麼倒楣吧！」

杰斯說：

「跟女生有性關係後，她就會整天逼你說愛她，而且永遠不能變心。一旦她不開心，就變臉，男生又想不透，不知她到底要什麼。太麻煩了，還是打電動或打球的好。」

史蒂文說：

「一味要我們節制、控制性衝動是很難的。讓我們處在沒有機會可發生性行為的環境中，是避免發生性行為最好的方法。有次很晚了，我在準備考試，聽到父母房裡有做愛的聲音，讓我很尷尬，完全無法專心讀書。」

秘書長萊斯莉說：

「所以父母亦當十分謹慎小心。然而，不管時代怎麼改變，『性』永遠是大事，當觸及到墮胎時，更是人命關天的事。因此絕不能把它看成像握手或吃飯、那樣稀鬆平常的事。一些鼓勵青少年避孕及安全性行為的宣導工作，也有其必須制止和更正的地方。特別是避孕套，並不能百分百完全避孕，卻傳達了只要安全不懷孕，怎麼做都無所謂的危險信息。

「青少年性行為，建立在『真愛』的根基上是很薄弱的。原因是，男孩多半是為『性衝動』尋找出口，而不得不愛；女孩卻大都死心塌地相信這是愛的關係。一位中年父親說：『當我想起自己年輕時，常花言巧語欺騙女孩上床，最終又將她們始亂終棄的事，就忍不住為我青春期的女兒捏把冷汗！』

「《聖經》說：『上帝的旨意就是要你們成為聖潔，遠避淫行；要你們各人曉得怎樣用聖潔、尊貴守著自己的身體，不放縱私慾的邪情。』[1] 貞潔的價值觀仍須捍衛，就像茱莉亞說的，她如果做了，她知道上帝不喜歡了，所以，她就不做。願大家都能如此尊重保守自己和他人的身體，純潔快樂度過青春期！」

註：

1 帖撒羅尼迦前書 4:3-5

【芝心婷語】

- 青少年渴望父母能坦誠教導「婚前性行為」的問題，而不是老是命令或說教。
- 「婚前性行為」的「結果」，可能會感染性病，造成懷孕或墮胎，而深深影響青少年的未來。
- 讓青少年處在沒有機會可發生性行為的環境中，是避免發生性行為最好的方法。
- 教導青少年，「性」永遠是大事，當觸及到墮胎時，更是人命關天的事。
- 教導青少年，不管時代怎麼改變，貞潔的價值觀仍須捍衛。

33 退一步看孩子

人物

父親：富邦　　女兒：知涵　　知聰的小表弟：央央

母親：伶扉　　兒子：知聰

富邦問伶扉：

「知涵最近怎麼了，我看她老是悶悶不樂，又老是和知聰拌嘴，以前她總是忙得不見人影，現在卻一放學就回家，我近來因工作太忙，還沒時間跟她談話，她沒什麼事吧！」

伶扉說：

「她現在正在經歷前所未有的挫折感和低潮，讓她自己學習功課吧！前些時候她說辭去學校『班聯會』主席的職位，我問她原因，她說連任失利，所以還不到任期滿，她就提前辭職，現在暫時由副主席代替她的空缺。」

富邦說：

「這怎麼成，這麼不負責任，以後怎能擔當重任？」

伶扉說：

「我沒說她，沒想到幾天後她連『高中科學營隊』和『管樂社』都退出了。上星期教會青少年團契牧師說，她堅持要退出敬拜讚美團隊，現在團隊裡沒人會彈琴，牧師也很著急。」

富邦說：

「這太不像話了，在教會服事上帝，豈可如此草率情緒化，說退出就退出，不管整個團隊如何，妳得好好教訓她。」

伶扉說：

「我在國中教書教了十幾年，也見過這樣的學生。知涵從小到大都太順利了，學業成績總是名列前茅，口才、領導能力及各樣才藝都出色，養成她心高氣傲，好強又不服輸的個性。她說新當選的主席，是才從別的學校轉學過來一年多的男生，她當然嚥不下這口氣。

「現在我們該做的是『退一步看孩子』，退一步，看她的問題，反而更能看得清楚，並糾正她的錯誤，使她向前跨幾步。她現在需要的，正是我在學校常教導、那些過於自負和自信的學生的『挫折教育』。也就是『袖手旁觀』她的失敗，容許她犯錯，尊重她的決定，不提供任何協助，讓她承擔犯錯後的後果。她需要學習如何面對挫折，學習跌倒了，再爬起來，坦然接受批評，並且從失敗中吸取教訓，再從失望中看見希望。」

富邦說：

「讓她受受挫折也好，否則知聰老是有樣學樣，才十歲就十足學會姊姊的霸道和氣勢凌人。」

犯錯並不等於失敗

幾個月後的一天，知涵面帶沮喪從學校回來，跟伶扉說：

「今天學校舉辦的園遊會熱鬧空前，十分成功。以前從聯絡、籌劃、分配工作、海報、訂購所需、網絡宣傳，到活動的結束，都由我統籌負責。今年，我全然退出，園遊會依然辦得轟轟烈烈；『科學營隊』和『管樂社』還贏得校外比賽的獎杯；就連教會敬拜讚美團隊的司琴，也很快就有新來的姐妹遞補上去。原來，一直以來，在各個團隊裡，我並不是像我自己所想像的那麼重要。」

說完，知涵嚶嚶哭了起來。伶扉抱抱她，安慰她說：

「參加團隊除了付出才能和努力之外，最重要是學習團結的精神。團隊不是一個人的，也沒有誰可以永遠擁有團隊。團隊就是許多人在一起，從大至小，每個人的付出都重要。從小到大，妳在各個團隊裡都表現出色，甚至領導眾人，這些聰明才幹和恩賜是從哪裡來的？」

知涵哽聲說：

「是上帝賜予的。」

伶扉說：

「沒錯，《聖經》說：「各樣美善的恩賜和各樣全備的賞賜都是從上頭來的，從眾光之父那裡降下來的。」[1] 又說：「上帝賜人智慧；知識和聰明都由他口而出。」[2] 我們用上帝賜給我們的恩賜去服事祂，是理所當然的事。」

知涵面露愧色說：

「我知道我不應該因一時之氣，就退出教會的敬拜讚美團隊，害牧師一時找不到司琴而擔憂。」

伶扉說：

「如果上帝也像妳一樣，偶爾就耍點小脾氣罷工，不聽我們的禱告，我們就慘了！」

「媽！我知道錯了嘛！」

知涵不依，這才破涕為笑。

伶扉說：

「犯錯並不等於失敗，過去也不能決定未來啊。跌倒了，就再爬起來！」

「跌倒了，就再爬起來！」

知涵緊緊記住了這句話。

跌倒了，再爬起來

這天，全家人去公園參加教會舉辦的烤肉聚餐，知聰溜滑板不慎摔倒了，坐在地上哇哇叫喊痛，不肯起來。知涵數落他：

「叫什麼叫，跌倒了，就再爬起來呀！你是男生耶，這麼不害臊！」

知聰嘟著嘴，拍拍屁股爬起來，半句話也不敢吭。

伶扉和富邦看了會心一笑。

一個月後，伶扉和富邦帶知聰去他阿姨家吃飯，知涵又開始忙社團的事未同行。飯前知聰和小表弟央央在後院追小狗玩兒。突然傳來央央的哭叫聲，大家急忙跑出去，只見央央坐在地上，哇哇叫喊痛，知聰數落他：

「哭什麼哭，跌倒了，就再爬起來呀！你是男生耶，這麼不害臊！」

伶扉和富邦看了哈哈大笑！

註：

1 雅各書 1:17

2 箴言 2:6

【芝心婷語】

- 「退一步看孩子」，能更清楚看見問題，糾正錯誤，使他們向前跨幾步。
- 「袖手旁觀」孩子的失敗，容許他們犯錯，尊重他們的決定，不提供任何協助，讓他們承擔犯錯後的後果。
- 孩子需要學習如何面對挫折，學習跌倒了，再爬起來，坦然接受批評，從失敗中吸取教訓，從失望中看見希望。
- 教導孩子，犯錯並不等於失敗，過去也不能決定未來。

34 把痛藏起來一半

人物　　　　　　　　　　　　　　　　　***地點***
父親：路易士　　獨生子：亞當　　　　　　　美國洛杉磯
母親：瑪姬　　　教會婦女團契主席：芭芭拉

瑪姬和教會婦女團契的姐妹聚餐回家後，路易士告訴她，他把亞當趕出去了。

瑪姬震驚問：

「為什麼？」

「這混帳和朋友去俱樂部慶祝別人生日，居然一個晚上就喝酒消費掉二千多美金，加上小費近三千美金，把信用卡都刷爆了！」

瑪姬說：

「他剛滿十八歲，還未到二十一歲，怎能進去俱樂部？」

路易士憤聲說：

「年輕人想混進去還不容易，他說他們一行二十幾個人去朋友舅舅開的俱樂部喝酒慶祝。」

瑪姬問：

「你就這樣把他趕出去？難道沒其他更好辦法？」

路易士嚷：

「什麼辦法？你沒看到他那叛逆、混帳的樣子，他敢如此浪費揮霍，心裡早就打算會被我趕出去，我不趕他，意思就是以後他還可以變本加厲，更加放縱揮霍下去。我已經打電話去信用卡公司，取消他手上的其他卡，免得他在外面亂用！」

瑪姬突然衝進去亞當房間，一會兒又衝出來，眼中帶淚嚷：

「從他進入青春期至今，你們父子每次吵架，你都要趕他出去，眼看就快熬過叛逆期了，但最終你還是把他趕出去了。他是我們惟一的兒子，他身上沒錢，又沒信用卡，也沒地方住，還要上學，你要他怎麼辦？」

嚷完，她啜泣起來。

路易士摟摟她的肩膀說：

「男孩子吃點苦是好的。我只是要教導他正確地使用金錢，否則以後他怎麼接管我龐大的事業。我要他明白錢是辛苦賺來的，但卻是屬於上帝的，我們只是祂的管家。如果他在小事上就這樣揮霍，以後上帝怎敢把大事，及更多錢財託付給他？這是他必須要學習的功課。《聖經》亦說：『管教你的兒子，他就使你得安息，也必使你心裡喜樂。』[1] 又說：『凡管教的事，當時不覺得快樂，反覺得愁苦，後來卻為那經練過的人結出平安的果子，就是義。』[2]」

瑪姬含淚說：

「我們禱告吧！為他在外面的平安禱告。」

作智慧婦人

接下來的幾天，亞當完全沒消息，不接電話，也不回簡訊。瑪姬又不敢去學校詢問，怕路易士不高興。她除了禱告還是只能禱告。直到她承受不住，打電話給婦女團契的主席芭芭拉，邊哭邊告訴她所發生的事。

芭芭拉說：

「妳做的很對，妻子順服丈夫是上帝所喜悅的。妳先生說的沒錯，男孩子吃點苦是好的。亞當需要經歷一些貧窮和缺乏的環境，他才會知足和感恩。他從小生活在太富裕的環境裡，又是獨生子，對金錢完全沒有概念。一個晚上可以花掉三千美金，等同於一個職員一個半月要養家活口的薪水。

「妳先生把他趕出去，是在管教他，我知道妳很心痛又擔心，但智慧的婦人，會把心中的『痛』藏起來一半，不會攔阻先生管教孩子。很多作妻子的，就因為先生嚴厲管教孩子時，心痛不捨，在一旁哭鬧、拼命阻止，結果寵壞了孩子，待孩子長大後出事了，才知道害了他。」

瑪姬收起眼淚說：

「謝謝妳告訴我這麼簡單又寶貴的話語。」

感謝貧窮

三個星期後，亞當終於打電話回家了。他說：

「我現在住在同學分租的公寓裡，他們讓我在客廳打地舖。我找到一份在餐館當服務生的工作，半工半讀。」

瑪姬激動地說：

「你在外面吃得好，住得好嗎？你胖了還是瘦了？你爸說只要你知道錯了，知道自己浪費了上帝的錢，你隨時可以回來住。」

亞當說：

「我知道是我不對，但我覺得在外面獨立的日子也很好。他們一小時付我八塊美金，還要扣稅，我每天要站五、六個鐘頭；餐館關門後，還要吸地毯、洗廁所、倒垃圾。為了省錢，以前我在家不吃的食物，像蘋果、香蕉、馬鈴薯之類，只要便宜我就吃。我不能回家住，因為萬一以後我不小心又犯錯，還是會被趕出來！」

瑪姬心痛啜泣說：

「不會，我們以後再也不會趕你了。我們天天都想念你。我覺得你很棒，很努力勤奮，也長大了。」

然而亞當還未預備好回家面對父親的心。

四個月後，路易士因胃出血被緊急送去醫院，亞當趕去醫院看父親，他們父子終於冰釋前嫌、和好如初。看見父親的虛弱和母親的焦慮，亞當願意搬回家了，但仍執意要半工半讀。

他說：

「感謝爸媽讓我貧窮，我以後再也不會亂花錢了。」

瑪姬和路易士都激動地流出淚來。

瑪姬哽聲說：

「我就知道，上帝不會不眷顧這個家！」

註：

1 箴言 29:17

2 希伯來書 12:11

【芝心婷語】

- 教導孩子正確使用金錢，讓他們明白錢是辛苦賺來的。
- 教導孩子，金錢是屬於上帝的，我們只是祂的管家。
- 教導孩子，如果在小事上揮霍，上帝必不把大事，及更多錢財託付予我們。
- 管教的事，當時不覺得快樂，後來卻必結出平安的果子。
- 讓孩子吃點苦是好的，他們需要經歷貧窮和缺乏，才會知足感恩。
- 智慧的婦人，會把心中的「痛」藏起來一半，不會攔阻先生管教孩子。

35 我不會永遠愛他

人物		*地點*
單親母親：曉嵐	晴晴的生父	美國洛杉磯
女兒：晴晴	晴晴的男朋友	
兒子	教會團契關懷小組同工：若彤	

若彤接到曉嵐打給她的電話，說她女兒晴晴失戀了。曉嵐是單親母親，因前夫太花心，三番四次外遇，造成他們婚姻破裂。若彤是教會團契關懷小組的同工，因此對這家庭特別關愛。

晴晴今年十七歲，學業成績很優秀，是個聰明上進，又有原則和看法的女孩。

曉嵐說：

「晴晴的男朋友要和她分手。她不吃不喝，每天以淚洗面。學校這星期正在考期末考，我怕她沒心思讀書會畢不了業，所以想請弟兄姐妹，在『電話禱告中心』為她禱告。」

「電話禱告中心」（Tele Prayer Center），是團契設立的一個免費禱告的電話號碼，所有人可在「同一時間」打電話進去，為特別緊急事項或急需禱告的人禱告，而無需勞師動眾、往來奔波於教會的一種禱告會 ，人數可高達五十人。

若彤說：

「與其我們摸不著重點為晴晴禱告，不如應該尊重地問問她，願不願意參加這個電話禱告。」

曉嵐說：

「我問問她，再給妳答覆。」

在等待過程中，若彤估計晴晴多半不會參與。女孩子在感情上摔一跤，都恨不能躲起來，把自己藏在沒人能看見的地方療傷。晴晴肯讓大家為她禱告，已經很不容易了。

豈知晴晴竟答應了。真是個勇敢，可以拋棄顏面，面對問題，與眾不同的女孩啊！

能說出來，就有出路

於是二十幾位弟兄姐妹在晚間同一時間打電話進去「電話禱告中心」，為晴晴禱告。

晴晴也把她與男朋友從交往到分手的過程約略述說一下。

最後她說：

「我不能專心讀書，所有一切人事物都讓我想到他。我很痛苦，我的眼淚也一直流不停。我不知道是什麼原因，造成他突然間就要和我分手。」

她哽咽著說：

「我從來沒交過男朋友，我用全部生命去愛他。我以為我這麼愛他，他也應該以同樣的愛對待我。雖然他傷害我很深，但或許他不是上帝為我預備的那一位。我很感謝叔叔阿姨們為我禱告。再過兩星期學校就要結束了，請您們繼續為我禱告，祈求上帝賜給我力量，在學校遇見他時，還能用笑臉面對他，能把他當作朋友。也請大家為他禱告，因為他生長在一個破碎的家庭，繼父和他的關係不好，他從來沒有快樂過。」

在過去許多次的電話禱告中，從來沒有一次像這次一樣，所有參與者都被深深感動流淚了。大家都有兒女，別人的兒女在情感的道路上觸礁傷痛時，大家都感同深受。不怕兒女遇見挫折跌倒，最怕是受了傷不肯說出來，憂憂鬱鬱留在心裡自傷自殘。那些為情自殺的年輕生命，不都是這樣一個個一時想不開就走上絕路嗎？

能說出來，就有出路；能說出來，就走得過去。

惟有上帝能安慰人

不過，止痛療傷的路是很艱難的。一個星期後若彤打電話給曉嵐。

曉嵐說：

「在電話禱告後，晴晴本來情緒已經穩定多了。誰知那天從學校回來，突然哭得肝腸寸斷，歇斯底里，說不想活了！差點把我嚇死了。連我兒子都說，姊姊快要哭死掉了！原來，那天在學校午餐時，那男孩故意在她面前打電話給另外一個她也認識的女孩，還刻意在她面前講得很大聲。又在『臉書』（Facebook）上，貼上他和新女朋友的照片，發送給學校每一個人。晴晴痛哭說，他怎麼可以這麼快又有女朋友，還是我認識的人！」

若彤嘆了口氣，問曉嵐她能不能跟晴晴說話。

晴晴來了，她在電話那頭一直哭。

若彤的心都碎了。她告訴晴晴：

「《聖經》說：『惟有上帝，是安慰你們的。』[1]、『祂是發慈悲，賜各樣安慰的上帝。』[2]又說：『母親怎樣安慰兒子，我就照樣安慰你們。』[3]我知道妳很傷心，所有的叔叔阿姨也都和妳一樣心痛。但除了上帝，沒有人能安慰幫助妳。更重要的是，妳要『願意』讓上帝安慰幫助妳。」

晴晴哭著說：

「謝謝阿姨。我會努力試著走出來。」

用上帝賜的安慰，安慰人

兩個月後，晴晴居然在教會受洗了。她收到許多叔叔阿姨送的鮮花和禮物。

有一天，她打電話給親生父親，告訴她所經歷的事。

父親說：

「這種花心的男朋友，沒有了是妳的福氣。當初我就是太花心，妳母親才會跟我離婚。今天我才會落到孤伶伶的下場。沒什麼好傷心的，老爸買機票給妳去旅行散散心！」

晴晴的心終於釋懷了。

曾經以為「用全部生命去愛他」的男孩，如今，她卻跟父親說：

「我不會永遠愛他！」

還加了句：

「其實他滿可憐耶！我要為他禱告。」

半年後的一天，一位曾在「電話禱告中心」為她禱告的阿姨，焦急地打電話給她說：

「晴晴，阿姨的女兒失戀了，每天哭得死去活來，我怎麼安慰她都沒用，她才十六歲，妳們年齡比較近，妳可以幫我去安慰她嗎？」

晴晴馬上說：

「好啊，謝謝阿姨以前為我禱告。我終於知道，為什麼我會經歷那些痛了。因為《聖經》說：『我們在一切患難中，上帝就安慰我們，叫我們能用祂所賜的安慰去安慰那遭各樣患難的人。』[4]」！

註：

1 參閱以賽亞書 51:12

2 參閱哥林多後書 1:3

3 以賽亞書 66:13

4 參閱哥林多後書 1:4

【芝心婷語】

- 不怕孩子遇見挫折跌倒，最怕受了傷不肯說出來，憂鬱地留在心裡自傷自殘。
- 孩子的傷痛，能說出來，就有出路；能說出來，就走得過去。
- 止痛療傷的路是很艱難的，父母要用禱告及愛心陪孩子度過。
- 教導孩子，惟有上帝能永遠安慰人。
- 教導孩子，最重要是，要「願意」讓上帝安慰幫助他。

Part 5

禱告

36 使用上帝造人手冊

人物

母親：凱莎琳　女兒　基督教電視台主持人：衛斯理
大兒子　小兒子

凱莎琳接受基督教電視台「模範母親」訪談。

主持人衛斯理問她：

「妳的三個兒女都畢業於美國哈佛大學，妳成功教導他們進入名校的祕訣在哪裡？」

凱莎琳回答：

「我的三個兒女自幼個性和天賦都迥然不同。老大，是兒子，生性安靜；老二，是女兒，心思敏銳；老三，也是兒子，活潑好動。他們每個人學習的方式都不同。同樣一本教科書，同樣一個課題，老大，愛閱讀，眼睛看了就能懂；老二，牙尖嘴利，非挑戰辯駁，才能懂；老三，太過活躍，非摒除枯燥刻板的教導，才能懂。

「所以不能一視同仁，必須因材施教。尊重他們各別不同的學習方式，按照他們領悟的程度來教導，激發他們的好奇心。比如，哥哥四歲就能明白的事，弟弟可能要五歲才教得懂。要按照各人成長的速度，他們的興趣、長處、短處去教導。時候還未到，強迫反而會適得其反。」

衛斯理又問：

「這些都是不同處，那麼他們有什麼共同點？」

凱莎琳回答：

「他們的共同點就是，他們自幼都愛閱讀《聖經》。五、六歲就讀完整本《聖經》，然後再一遍遍地讀。許多父母都誤以為孩子讀《聖經》，會影響學業。其實正好相反。上帝就是智慧。祂的話是從上頭來的智慧，不是世界的智慧。當你讀懂，而且得著上帝的智慧時，世間的智慧就算不得什麼。所以，他們三個從小在學校都跳級，每學期開始時，都充滿興趣，幾個月後，就又索然無味。通過測試後，只好跳級。三個都十五、十六歲就大學畢業了。」

上帝是窯匠，我們是泥

衛斯理說：

「這真是太神奇了！他們自幼都愛閱讀《聖經》，當然不是生下來就會，父母的教導和環境，勢必也扮演很重要的角色吧？」

凱莎琳回答：

「當然，他們從小就跟著我們夫婦一起讀經禱告。《聖經》說：『上帝賜人智慧，知識和聰明都由他口而出。』[1] 又說：『你們中間若有缺少智慧的，應當求那厚賜與眾人、也不斥責人的上帝，主就必賜給他。』[2] 因此，他們從小就知道功課不會做，報告不會寫，考試臨到了，都要向上帝求智慧，不是向人。」

衛斯理又問：

「那麼在德智體群，及人生價值觀上，又是依據什麼來教導，有何祕訣？」

凱莎琳笑說：

「祕訣就是完全依據《聖經》，也就是使用『上帝造人手冊』來教導。就像我們買了一個新的電器產品，要照著它的『使用說明書』來使用，否則就會弄壞它。上帝造了人，當然也有『造人手冊』，就是《聖經》。我們根據這手冊來教導，就永遠不會錯。」

衛斯理問：

「能不能舉例說明？」

凱莎琳說：

「就是要根據上帝造他們時，賦予他們的才能來教導。告訴他們，上帝造人時，祂說：『是好的。』每個人都是獨一無二。沒有一個人是無用的，只要用在對的地方；個性也沒有好壞，只要做在對的事上。《聖經》說：『我們是泥，上帝是窯匠，我們都是祂手中的工作。』[3] 又說：『窯匠用泥做的器皿，在他手中做壞了，他又用這泥另做別的器皿。窯匠看怎樣好，就怎樣做。』[4]

永不止息的愛

「這意味，上帝永不放棄這『泥』，直到做成為止。因此他們就能明白，在上帝眼中，各有用途和不同。他們就會對自己有信心；同時教導，他們的人生，是創造他們的上帝，給他們打的分數才有用，不是學校、老師或職場，每個人將來都要在上帝面前交帳。他們就會對自己的人生負責任。」

衛斯理點頭說：

「這是一生最好的準則，到老都不會偏離。那麼，面對『青春叛逆期』的孩子，夫妻又該怎樣同心教導？」

凱莎琳回答：

「夫妻要向著同一共同目標和方向教導，也就是以上帝為中心，慢慢就會愈來愈近，不會有雙重標準。所有的愛，都不應該脫離真理的範圍。不足或過度讚美，都會造成自我認知的偏差。教導他們與上帝『愛的源頭』的關係，是『插頭』，不是『電池』，是源源不絕的。這『永不止息的愛』，就是『上帝造人手冊』中，解決人所有不能解決問題的最大祕訣。」

衛斯理說：

「所以當『人』出了問題時，就要回到『造人』的上帝面前。惟有祂能解決一切的問題。」

凱莎琳非常肯定地微笑點頭！

註：

1 參閱箴言 2:6

2 雅各書 1:5

3 參閱以賽亞書 64:8

4 耶利米書 18:4

【芝心婷語】

- 教導孩子，不能一視同仁，必須因材施教。依孩子的興趣、長處、短處教導。
- 父母常誤以為孩子讀《聖經》，會影響學業。正好相反，上帝的話就是智慧。
- 教導孩子，學校的學習、功課、報告、考試，都要向上帝求智慧。
- 根據《聖經》，使用「上帝造人手冊」教導孩子，永遠不會錯。
- 教導孩子，在上帝眼中，他是獨一無二的，各有用途和不同，使他有信心。
- 教導孩子，他的人生，是上帝給他打分數，使他對人生負責任。
- 不足或過度讚美，都會造成孩子自我認知的偏差。
- 教導孩子，他與上帝「愛」的關係，是「永不止息」的。
- 當「人」出了問題時，要回到「造人」的上帝面前，惟有祂能解決一切的問題。

37 祂還是說「寬恕你」

人物

父親	乾女兒：霓虹	少霏的爺爺奶奶
母親：琬君	少霏的堂哥：亦桐	琬君先生的大哥大嫂
兒子：少霏	少霏的堂妹：妞妞	

奶奶七十五歲大壽，家族的人歡聚在爺爺家為她慶生。吃完晚餐及蛋糕後，大人聚在一塊兒聊天，小孩在打電動遊戲，青少年在看租來的電影。

當大夥都要離去時，電影尚未結束。琬君跟先生及他大哥大嫂說，她可以送這些青少年回家，包括她兒子少霏、乾女兒霓虹，及大哥大嫂的兒女亦桐和妞妞，他們可以先回去。

電影結束後，已近凌晨一點鐘。琬君帶著四個年輕人，從十五樓搭電梯下樓。

這四個年輕人平日絕計不會聚在一起，今日因奶奶大壽，勉為其難看了兩套電影。原因是，琬君的兒子少霏，一年前和堂哥亦桐去爬山露營，因少霏每晚睡時鼾聲大作，害亦桐兩晚沒睡好。最後一晚，亦桐忍無可忍，趁少霏鼾聲如雷時，用剪刀剪掉他好幾撮頭髮。少霏第二天醒來，一頭狗啃似坑坑洞洞的頭髮，成為整個營隊的人的笑柄。這惡作劇太過分了，少霏視為深仇大恨，兩人一年不說話了。

少霏和堂妹妞妞也結下樑子。原因是，半年前，少霏把多年前家族在泳池邊烤肉，那時妞妞還很胖，從小大家叫她「胖妞」的泳裝照，貼在他的「臉書」（Facebook）上。豈知大家瘋狂傳送，傳到妞妞同學那裡，後來成為全校笑柄。這對上高中後就努力減肥成功，身材窈窕的妞妞而言，是極大的打擊。她原本心儀一位男同學，也因此告吹了。她不肯原諒少霏，兩人半年不說話了。

至於乾女兒霓虹，是琬君大學同學的女兒。這同學幾年前憂鬱症自殺了，丈夫早年亦病逝，自殺前將霓虹託孤給琬君。霓虹身陷於家族已有多人自殺的病例，經常生活在恐懼中。

在黑暗裡讚美

這四個年輕人各懷心結、默不吭聲，和琬君一起搭電梯下樓。電梯往下降落，突然之間左右晃動一下，霓虹馬上喊：

「地震！」

妞妞嚷：

「妳少嚇唬人！」

才嚷完，電梯又大大晃動一下，突然間停住了，頂上的燈光啪一聲全熄了，眼前一片黑暗，伸手不見五指，霓虹和妞妞嚇得尖叫，大家都驚嚇住了！

亦桐和少霏同聲說：

「電梯壞了！」

琬君一顆心跳到喉嚨口說：

「大家先保持鎮定不要慌！」

亦桐馬上掏出手機，藉著微弱的電光在牆上找緊急呼叫按鈕，少霏亦立刻把手機打開，讓電光更充足。亦桐終於找到按鈕，他連按幾次，只聽見嘟嘟響的聲音，沒人接聽。霓虹、妞妞和琬君也心急地去按鈕。

琬君說：

「已經凌晨一點多了，值班的人大概偷懶在打瞌睡沒聽見。不知道這裡是幾樓？」

大家趕緊試著用手機打電話求救，但信號太微弱，無法接通。從電梯門縫裡隱約有一點亮光透進來。

妞妞首先拍門大叫：

「救命啊！有沒人在外面，我們被困在電梯裡了！」

大家也相繼拍門扯起嗓門大喊：

「快來救我們啊！我們有五個人，被困在電梯裡了！」

直到大家喊累了，外面仍是一點動靜也沒有。他們又拼命去按緊急呼叫按鈕，仍是沒有回應。他們頹喪地跌坐在地上，妞妞和霓虹害怕地哭了起來，琬君趕緊左右摟著她們。

妞妞說：

「我們恐怕會被困在這裡直到天亮，現在已是星期六的凌晨，大家都不必上班上學，誰會發現我們呢？」

琬君說：

「《聖經》說：『保羅和西拉被下在監裡，他們半夜禱告唱詩讚美上帝時，忽然地大震動，監獄的門就立刻全開了。』[1] 我們也來禱告唱詩讚美上帝吧！現在惟有祂能拯救我們！」

於是他們一起禱告後，又一起唱詩歌，一首首地唱，記得歌詞的就大聲唱，不記得的就大聲哼著調子，當他們唱《奇異恩典》：

「奇異恩典，何等甘甜，我罪已得赦免，前我失喪，今被尋回，瞎眼今得看見，如此恩典，使我敬畏，使我心得安慰…… 許多危險，試煉網羅，我已安然經過，靠主恩典，安全不怕，更引導我歸家……」時，他們全都淚如雨下。

上帝奇妙作為

亦桐首先哽聲跟少霏說：

「請你原諒我，惡作劇剪掉你的頭髮。我們若能平安出去，我請你看十場電影，表達我的歉意。」

少霏沒吭聲，反而哽聲對妞妞說：

「如果妳肯原諒我把妳以前的泳裝照貼在『臉書』上，我就請妳打十場保齡球，同時原諒亦桐。」

妞妞噙住淚水不說話。

琬君提點她說：

「《聖經》說：『你們饒恕人的過犯，你們的天父也必饒恕你們的過犯；你們不饒恕人的過犯，你們的天父也必不饒恕你們的過犯。』[2]」

許久後，妞妞才哽聲說：

「好吧！我原諒你。我知道不管我有多不好，多讓上帝傷心失望，祂還是說『寬恕你』，因此我又怎能不原諒你呢？」

大家馬上歡呼鼓掌起來。

霓虹也說：

「剛才我流淚禱告時，上帝醫治了我恐懼的心。祂拆毀了那捆綁、轄制我許久的『恐懼的靈』和『遺傳的咒詛』。我現在雖在黑暗裡，卻一點也不害怕。」

琬君欣慰地摟著她。

亦桐卻惡作劇，本性難改說：

「再沒人來救我們，我就快忍不住要放屁了！」

大家都尖叫去捶他，他笑嚷：

「好好，不放屁！那我撒泡尿！」

大家又尖叫去掐他，他笑聲震天。

就在這時，他們聽見電梯外面好像有人聲，他們全都撲上前，拼命拍門大喊大叫！

終於，在被困一個鐘頭又四十分鐘後，他們被救了。七樓有住戶要下樓去買宵夜，聽見電梯裡有人聲，趕緊去叫保安來解救他們。

事後，電梯維保人員說，電梯用的是獨立供電線路，會突然斷電，及發生緊急呼叫系統故障的情況，是很少有的。

只有琬君心中了然，這全是上帝奇妙的作為。電梯停在「七」樓，是上帝同在的痕跡和記號，為要這些孩子們，彼此寬恕相愛和除去心中恐懼的靈！

註：

1 參閱使徒行傳 16:23-26

2 馬太福音 6:14-15

【芝心婷語】

♥教導孩子，在危急、恐懼及黑暗中，禱告唱詩讚美上帝，必蒙拯救。

♥教導孩子，要勇於道歉、認錯。

♥教導孩子，不管我們有多不好，多讓上帝傷心失望，祂還是說「寬恕你」。

♥惟有上帝能醫治恐懼的心，折毀那捆綁、轄制人的「恐懼的靈」和「遺傳的咒詛」。

♥教導孩子，彼此寬恕原諒，及彼此相愛。

38 換個父母給我

人物			*地點*
父親	大兒子：杰瑞米	羅伯特牧師	美國加州
母親	小兒子：湯米	杰瑞米的外祖母	

羅伯特牧師跟杰瑞米說：

「我的年齡足以當你爺爺，所以你心裡有什麼話，盡可以對我說。」

杰瑞米說：

「我和弟弟湯米從小就要做所有家事，洗衣、洗碗、拖地板、倒垃圾、刷洗浴室、馬桶、割草等。很多時候，因學校功課和考試太繁重，做不完家事就會挨打。母親常說《聖經》說：『杖打和責備能加增智慧；放縱的兒子使母親羞愧。』[1]及『不可不管教孩童，你用杖打他，他必不至於死。你要用杖打他，就可以救他的靈魂免下陰間。』[2]

「因此，她總是理所當然打我們，即使我們已是高中生了。我和弟弟曾因此逃過家，但無處可去，最後只好回家。也告訴過學校老師，老師來家裡訪問過，但母親說，上帝說可以就可以。我想知道，這是對的嗎？上帝允許母親這樣對我們嗎？」

羅伯特問：

「你父親怎麼看這件事？」

杰瑞米說：

「父親向來都順著母親，他還未信主，根本不知道上帝說過什麼話？所以當我很生氣時，就會希望上帝能換個父母給我！」

羅伯特笑說：

「上帝與我們的關係是父子，我們是祂的兒女，祂是我們的阿爸父，這關係是永不斷絕的。正如同你們和父母的關係是切不斷的。妳母親用《聖經》的話來打你們，固然不對。但《聖經》說：『在上有權柄的，人人當順服他，因為沒有權柄不是出於上帝的，凡掌權的都是上帝所命的。所以抗拒掌權的，就是抗拒上帝的命；抗拒的必自取刑罰。』[3]

背父母的十字架

「因此，你們能做的就是為母親禱告。你們要背父母的十字架，正如同父母要背兒女的十字架一樣。沒有人十全十美。上帝既然賜他們權柄作你們的父母，你們就要順服在這權柄底下。」

杰瑞米說：

「我知道《聖經》說：『你們作兒女的，要「凡事」聽從父母，因為這是「主」所喜悅的。』但明明知道母親做的不對，我們也要『凡事』順服嗎？」[4]

羅伯特說：

「《聖經》亦說：『你們作兒女的，要在「主」裡聽從父母，這是理所當然的。』[5] 在『主』裡就是在『真理』範圍內。如果父母叫你去搶劫銀行、殺人、放火，當然不能聽從，因違背了

『真理』，違背了上帝的誡命。但一般父母都不會如此教導孩子。如果是，兒女的態度仍要尊重父母，但卻不能聽從去做這些事。」

杰瑞米說：

「我明白了，母親對我們所做的，乃在她權限底下。我必須接受她就是這個樣子，背父母的十字架。這是上帝特別要我學習的功課。」

羅伯特說：

「你真是個聰明的孩子。不但如此，更重要是，要孝敬父母。《聖經》說：『要孝敬父母，使你得福，在世長壽。這是第一條帶應許的誡命。』[6] 我的兒女們，從小就被我和妻子教導要孝敬我們。不是自私，或為我們的好處，乃是不如此做，他們就得不到上帝的祝福，在地上也不會長壽。現在他們也同樣教導他們的孩子，要孝敬他們，為要他們的孩子也能得到同樣的祝福。」

杰瑞米說：

「我懂了，父母怎麼對待我，是他們跟上帝的事；我怎麼對待父母，卻是我跟上帝的事。每個人將來都要面對上帝的審判。然而『應許』和『祝福』，卻只給順服上帝話語的人。」

羅伯特微笑地重重點頭。

不遺棄的愛

這席談話過後，杰瑞米整個人生觀改變了。一直以來，他向上帝禱告，改變他的父母。然而他的父母依然如故，改變的反而是他自己。結果他發現，當他的心胸擴大時，那些忿忿不平的事居然變小了。

有一天，外祖母在電話中跟杰瑞米說：

「你母親那天在電話裡哭得很傷心，她說你申請到外州去讀大學，她很捨不得。我知道你和湯米對她都很不諒解，巴不得能趕快離家去讀大學，愈遠愈好。」

她說：

「大家都知道，妳母親不是我親生的，她被送來我家時已經八歲。但沒有人知道，她是因家裡太窮，從小賣給人家，每天要幹活挨打才有飯吃，幾年後又被轉賣到另一個家庭，也一樣每天要幹活挨打。直到她來到我們家，我們當她是寶貝，不讓她幹活也不打她，她居然不敢吃飯。我們才知道她心中受傷太重，她以為是自己做不好才會被賣，惟有拼命工作，才能維持不被遺棄的命運。

「所以她不自覺也以同樣方式對待你們，這是她表示愛你們，永遠不會遺棄你們的方式。你們父親當然明白，但亦無法改變她。我不想你帶著恨母親的心去讀大學，所以決定把這事告訴你。」

杰瑞米流淚了，他彷彿看見母親小時候，那種懼怕、毫無安全感的可憐模樣。他說：

「我早就不恨她了。」

一個月後，杰瑞米決定就讀本地大學，不去外州了。

因著他的改變，他大二那年，父親竟然信主受洗了。他終於明白，為什麼羅伯特牧師要他「背父母的十字架」和「孝敬父母」了！

註：

1 箴言 29:15

2 箴言 23:13-14

3 羅馬書 13:1-2

4 歌羅西書 3:20

5 以弗所書 6:1

6 以弗所書 6:2-3

【芝心婷語】

♥教導孩子，上帝與我們的關係是父子，是永不斷絕的；正如同父母與孩子的關係是切不斷的。

♥教導孩子，背父母的十字架，為父母禱告；正如同父母背兒女的十字架，為兒女禱告。沒有人十全十美。

♥教導孩子，順服在父母權柄底下，是上帝所喜悅的。

♥教導孩子，孝敬父母，能使他們得福，在世長壽。

♥教導孩子，上帝的「應許」和「祝福」，只給順服祂話語的人。

39 與上帝合作的人

人物 | *親子教育營*
鍾保羅牧師 | 五十對夫妻

鍾保羅牧師在教會舉辦的「親子教育營」裡，以〈與上帝合作的人〉為題，向五十對夫妻說：

「《聖經》說，上帝造人時說：『我們要照著我們的形像，按著我們的樣式造人。』[1]『我們』說明，上帝是一位有三個位格，聖父、聖子、聖靈的神。祂是『獨一』，又是『三而一』的上帝。祂的神格和神性，就是『聯合』。因此人被造以後，也帶著『聯合』的需求和屬性。人會寂寞，會孤單，會尋找心靈的伴侶原因也在此。

「《聖經》又說，上帝造了第一個人亞當後說：『那人獨居不好，我要為他造一個配偶幫助他。』[2] 於是上帝用亞當身上的肋骨，造了女人夏娃，成為他的配偶。[3]《聖經》還說：『因此，人要離開父母與妻子連合，二人成為一體。』[4] 及：『要生養眾多，遍滿地面。』[5] 於是，女人從男人而出，後裔又從男人與女人的結合而出，人由始至終不能脫離『聯合』的屬性。」

他接著說：

「這就是『家庭』的起源。因此家庭是上帝的旨意，不是人的主意。我們一定要明白這點，才能建立合上帝心意的家庭，成為一個能與祂同行，與祂合作的人。家庭亦是上帝工作的單位，眾家庭聯合在一起，就成了上帝的家，也就是教會，當教會勝過仇敵時，就必引進上帝的國，上帝得著一切的榮耀。

父母是家庭的祭司

「特別是在這末世，仇敵用盡一切手段，要拆毀破壞上帝兒女們的家庭。我們該怎麼與祂合作同工呢？首先就是，父母必須成為家庭的祭司，把孩子帶到上帝面前，教導他們愛上帝，敬畏上帝，認識上帝。愛上帝，敬畏上帝，是一個家庭被上帝祝福的關鍵。《聖經》說：『兒女是耶和華所賜的產業，所懷的胎是他所給的賞賜。』[6]

「這『產業』是託付給父母的，父母只是『管家』。因此有一天父母都要在上帝面前交帳。沒有什麼比上帝把一個活生生的『生命』交到父母手中還重要。這生命如何成長，他的靈魂體是否都興盛，活在上帝面前，不只一生之久，還要延續到永恆裡，這是何等重大艱巨的工作，更甚於我們一生所有的成就。」

他說：

「因此，父母這家庭的『祭司』，一定要自己先活在上帝面前，有好的榜樣，更要為孩子的緣故『分別為聖』。許多能做、想做的事，必須犧牲忍耐不去做。孩子是模仿父母的，你叫孩子不能做的事，自己卻去做，孩子自然難信服於你。你自己不愛上帝，不敬畏上帝，不讀經禱告，卻要求孩子愛上帝，敬畏上帝，讀經禱告，那是不可能的事。

「《聖經》說：『也要殷勤教訓你的兒女，無論你坐在家裡，行在路上，躺下，起來，都要談論。』[7] 如果你的心思意念、言行舉止，都活在上帝裡面，流露出祂的生命，孩子一定能感覺到。這種凡事禱告，裡裡外外都依靠上帝話語的生命，是無法偽裝的。他們因而知道這個家，是在上帝的管治底下。

「上帝是元首，父親是頭；父親順服上帝，母親順服父親，孩子順服父母，如同順服那看不見的上帝。父母照著上帝的教訓和警誡，養育孩子；孩子在主裡聽從孝敬父母，整個家都照著上帝創造的次序和原則來經營，就不會出問題了。」

設立家庭祭壇

他接著說：

「除此之外，家庭還要設立祭壇。父母是祭司，帶領全家人一起敬拜事奉上帝，一起讀經禱告。當然，說來容易做來難，尤其當孩子進入青春期後，但仍可藉用孩子較能接受的方式，例如：透過電郵或手機簡訊，每天持之以恆，把《聖經》章節，每日靈修心得，全家同一進度，不間斷寄給孩子，餵養他們，作為他們每日的靈糧，就如同他們小時候用食物餵養他們一樣。假以時日，他們的屬靈生命必漸漸茁壯。不要擔心孩子不理會，只要禱告，交託給上帝。

「很多時候，上帝要用家庭來改變我們，用苦難和十字架破碎的工作來製作我們，為了要成全我們，給我們更大的祝福。當我們能全家一起事奉祂，為祂而活時，從這個家庭，到眾家庭，到眾教會上帝的家，就能向世人作見證，榮耀上帝的名。這事上帝必要成就。」

他說：

「最後，我要說的是，很多人都會問，我們家就是彼此不順服，要怎麼克服這問題？答案是，我們若能信靠上帝，仰望祂，祂就能幫助我們順服該順服的人。還有人會問，要成為『與上帝合作的人』最重要是什麼？答案仍是『順服』。惟有順服，上帝的旨意才能行在我們身上，如同行在天上。也惟有順服，才能把愛帶進家庭，使家庭蒙福，使上帝得榮耀！」

註：

1 創世記 1:26

2 創世記 2:18

3 參閱創世記 2:22

4 創世記 2:24

5 創世記 1:28

6 詩篇 127:3

7 申命記 6:7

【芝心婷語】

- 家庭是上帝的旨意，不是人的主意。
- 愛上帝，敬畏上帝，是一個家庭被上帝祝福的關鍵。
- 兒女是上帝託付給父母的產業，父母只是「管家」，將來要在上帝面前交帳。
- 父母要為兒女「分別為聖」，活在上帝面前，有好榜樣。
- 按照上帝創造的次序和原則經營家庭，就不會出問題。
- 設立家庭祭壇，父母是祭司，帶領全家人一起敬拜事奉上帝。
- 信靠上帝，仰望上帝，就能彼此順服。
- 要成為「與上帝合作的人」，最重要是「順服」上帝旨意。

40 成為禱告的父母

人物	*禱告小組成員*	
父親：羅傑	麥卡利夫婦	單親母親瑪蓮妮
母親：蔻蒂	馬吉爾夫婦	
獨生子：康迪	喬佈夫婦	

羅傑和蔻蒂來到「父母禱告小組」，謝謝大家幾個月來為他們的兒子康迪禱告。這小組有三對夫妻，麥卡利、馬吉爾、喬佈夫婦，及一位單親母親瑪蓮妮。

四個月前，他們十五歲的兒子康迪發生車禍，肝臟和胸腔橫膈膜破裂，大量出血，命在旦夕。經多次手術搶救及輸血後，總算撿回一條命。三個星期後從加護病房轉到普通病房，又過了半個月後才出院，至今已幾乎康復了百分之九十。

蔻蒂說：

「感謝上帝，昨天我帶康迪去複檢，醫生說大多數肝臟和胸腔橫膈膜破裂的病人，因失血過多，到醫院前已死亡。康迪能走過死亡線，恢復得這麼快真是奇蹟。我知道這都是因為你們的代禱，《聖經》說：『義人祈禱所發的力量是大有功效的。』[1] 你們都是敬虔愛主的人，以至於上帝不能不聽禱告。我和羅傑在此要致上由衷的感謝。」

羅傑也說：

「我也要向大家道歉，請你們原諒我。以前蔻蒂每星期二晚上，要來參加禱告小組時，我總是百般攔阻，心裡看輕你們這些『無所事事』的父母，實在是因為，我根本不認識上帝，也不認識自己的無能。這次我親眼看見你們跪在地上，禁食流淚為我們惟一的獨生子康迪的性命代禱，我才知道自己的無知和自私。」

他眼眶濕潤地說：

「你們若肯原諒我，我也想加入這小組，和蔻蒂一起成為不只是為自己孩子，同時亦能為別人的孩子禱告的父母。」

「我們竭誠歡迎你加入！」

大家都圍過來，給他大大的擁抱。

在上帝面前有能力

大家回到座位後，麥卡利太太說：

「我們常常忘了，《聖經》說：『全世界都臥在那惡者手下。』[2] 因此，我們的孩子正處於撒但魔鬼透過網絡、媒體、煙、酒、毒品、淫亂、暴力等種種試探，來誘惑、陷害、攻擊他們，使他們陷入網羅、不可自拔的環境裡。我們身為父母的，惟一能做的就是禱告，用雙膝為他們爭戰。用禱告托住他們，堵住破口，作守望者。這也正是為什麼，我們迫切需要這小組的原因。」

馬吉爾先生說：

「禱告就是與上帝同工。禱告是上帝賜給我們最大的權柄。《聖經》說：『我實在告訴你們：凡你們在地上所捆綁的，在天上也要捆綁；凡你們在地上所釋放的，在天上也要釋放。』[3] 又說：『無論在哪裡，有兩三個人奉上帝的名聚會，那裡就有上帝在他們中間。』[4] 所以，禱告不只是妻子的事，丈夫亦責無旁貸。」

喬佈太太說：

「康迪在醫院，幾次瀕臨死亡時，我所想到的就是《聖經》說：『夜間，每逢交更的時候要起來呼喊，在主面前傾心如水。你的孩童在各市口上受餓發昏，你要為他們的性命向主舉手禱告。』[5] 我知道那是生死交關的時候，我們已經向撒但宣戰。《聖經》說：『我們並不是與屬血氣的爭戰，乃是與那些執政的、掌權的、管轄這幽暗世界的，以及天空屬靈氣的惡魔爭戰。』[6]

又說：

「『我們爭戰的兵器，本不是屬血氣的，乃是在上帝面前有能力，可以攻破堅固的營壘。』[7] 只要我們全力以赴與上帝同工，祂必為我們爭戰。果然康迪存活了下來。《聖經》亦說：『三股合成的繩子不容易折斷。』[8] 只要我們團結，同心合意迫切禱告，撒但必潰不成軍！」

把孩子交在上帝手中

馬吉爾太太說：

「不只生命垂危時，孩子人生的每一個階段，都會面對不同的挑戰和誘惑，都需要我們為他們禱告。尤其青春叛逆期，我們根本無法掌握他們的思想和行為。我們能做的就是禱告，把他們交在上帝手中。還有什麼比把孩子交在永生上帝手中更安全的呢？」

麥卡利先生說：

「不僅如此，我們還要為自己禱告。求上帝幫助我們成為合祂心意的父母，成為敬虔的榜樣。知道如何按照《聖經》作父母及教養孩子。好讓祂的旨意能成就在孩子身上。」

喬佈先生說：

「我們還要求上帝，幫助我們能完全順服祂，敬畏祂。因為《聖經》說：『敬畏耶和華的，大有倚靠，他的兒女，也有避難所。』[9] 又說：『因為他堅固了你的門閂，賜福給你中間的兒女。』[10]」

瑪蓮妮說：

「我身為兩個孩子，一兒一女的單親母親，對他們將來的婚姻特別有負擔，不希望他們重蹈我的覆轍。因此從小我就為他們將來的伴侶禱告。這是他們一生，除了與上帝關係之外，最重要的一件事。永遠也不會太早，為我們的孩子尋得合上帝心意的理想伴侶禱告。《聖經》亦說：『得著賢妻的，是得著好處，也是蒙了耶和華的恩惠。』[11] 又說：『房屋錢財是祖宗所遺留的；惟有賢慧的妻是耶和華所賜的。』[12]」

蔻蒂說：

「我從來不知道，原來『賢慧的妻子』是耶和華所賜的。從今天開始，我就要一直為康迪將來的伴侶禱告，直到他結婚為止。」

羅傑說：

「這小組太溫馨太棒了！充滿了上帝的話語和愛。以前我居然攔阻蔻蒂來禱告，我這不是笨是什麼呢？」

說得大家哄堂大笑！

註：

1 雅各書 5:16

2 約翰壹書 5:19

3 馬太福音 18:18

4 參閱馬太福音 18:20

5 耶利米哀歌 2:19

6 以弗所書 6:12

7 哥林多後書 10:4

8 傳道書 4:12

9 箴言 14:26

10 詩篇 147:13

11 箴言 18:22

12 箴言 19:14

【芝心婷語】

- 作個禱告的父母，用雙膝為孩子爭戰，作守望者。
- 禱告是與上帝同工，禱告是上帝賜給父母最大的權柄。
- 把孩子交在上帝手中，為他們人生每一個階段禱告。
- 父母要為自己禱告，能成為合上帝心意的父母，及敬虔的榜樣。
- 父母要知道如何按照《聖經》作父母及教養孩子，讓上帝的旨意成就在孩子身上。
- 父母要能順服、敬畏上帝，孩子才能蒙福。
- 永遠不會太早，為孩子尋得合上帝心意的理想伴侶禱告。

後記

超越時空的愛

2013年1月，先生收到他的小兒子從馬來西亞來的email，問他可不可以在農曆春節時相聚，原因是，他兒子的妻子想依照傳統禮節給先生奉茶。先生問我看法，我說：

「孩子找父親，理當隨時找得到。就像我們找天父，隨時都找得到一樣。」

原本，我們已計劃在《愛是最短的道路》此書出版後，五月份去新、馬、台各教會分享。但因我這句話，先生毫不猶豫訂了機票和酒店。於是我們於一月底從美國洛杉磯搭機去馬來西亞兩個星期。先生的兒子只答應二月九日除夕夜見他一面。為著這僅僅的一面，我們覺得很值得，且心中充滿了感恩。

我與先生都是第二次婚姻，上帝給我們再一次建立幸福家庭的機會。他的前妻多年前肺癌過世，三個兒子都已成家立業，但卻與他十多年沒連繫。原因是，他在過去的婚姻裡，曾經出軌傷害了妻兒。雖然他曾在上帝面前認罪悔改，在牧師及妻兒面前請求原諒，但一切後果他仍需承擔。

我與先生結婚十二年了，他視我的兒子如同己出，從九歲至今，他們建立了比親生父子更深厚的情感。他與我的前夫及兒子的爺爺奶奶，亦有良好關係。我們每天不曾放棄，日夜為他與三個兒子能恢復美好關係及他們出入的平安禱告。因此，可想見他是多麼的喜樂啊！

二月九日除夕夜終於來到了。先生的兒子與媳婦，與我們在下榻的酒店西餐廳見面吃飯。席間他們視我如同透明，我卻心中感恩地一直默默禱告。原本只見一面，還擔心他們臨時會爽約。豈料飯後他兒子竟邀請我們去他家。在這之前，沒有他家裡、手機電話號碼，他何時結婚也不知道，只有他用email主動聯絡，我們只能被動地等候他。

說也奇怪，到了他家後，他們父子愈談愈打開了心結，他兒子發覺許多誤會是因他只知道單方面的故事。先生的媳婦，也與我較熟絡了，開朗地打開我們贈予他們的禮物，還與我一起拍照留念。大家都被外面響徹雲霄的鞭炮聲，感染了過年熱鬧的氣氛。直到凌晨四點鐘，他們才開車送我們回酒店。

回到酒店後，他們還依依不捨送我們回樓上房間。進房後，他兒子看見擺在地上，他所熟悉貼滿了貼紙的行李箱，先生說：

「你還記得這行李箱嗎？以前你們三兄弟小時候，Daddy就是這行李箱一拖，就又出國出差了，為的是要努力工作養家活口。」

他兒子點頭，突然就緊緊抱著先生嗚咽哭了起來。他們父子終於盡釋前嫌，抱成一團。我和先生的媳婦，在一旁也紅了眼眶，默默地流淚。

第二天，一切都不一樣了。先生的兒子和媳婦整天黏著我們，和我們一起去婆婆家拜年，和久未見面的堂兄弟姊妹們歡聚，晚上去先生的妹妹、妹夫家吃飯。隔天，他兒子更約了岳父岳母一家，婆婆、先生和我兩家人，正式在餐館見面。

席間大家相談甚歡，先生的兒子和媳婦，先跪地奉茶給婆婆，婆婆回以紅包祝福他們。接著是先生，同樣如此行。之後，他們突然不知該如何應對了，這時，先生兒子那知書達禮的岳父岳母說話了：

「趕快奉茶給你們的小媽呀！」

於是他們趕緊歡喜快樂地奉茶給我。我亦感動莫名地立刻把紅包，連同上帝滿滿的祝福一併都給了他們。

接下來的數日，一直到我們上飛機回美國，他們都如影隨行跟著我們，似乎要把曾經失落的光陰都彌補回來。我們一起逛街、吃飯、看電影、喝咖啡，先生的兒子還在百貨公司買了衣服送他。在數日相處對話中，我們才知道，數年前，先生的兒子，曾在開會中心臟病突發，被緊急送去醫院時已心跳停止。醫生見他這麼年輕就死亡太可惜了，於是用電擊試圖搶救，結果他又活過來了！

數年前？天啊！那時這孩子竟獨自走過死蔭幽谷，我們竟不知道！然而，上帝不是垂聽了我們十幾年來，每天晝夜不停提名為這三個兒子禱告嗎？祂果然是信實且聽禱告的上帝！世上除了親生母親，誰還會持續長久為自己的孩子禱告呢？先生愛我的兒子如同己出，他的三個兒子失去了母親，除了我，還有誰能為他們禱告呢？

每當我想起這孩子曾經孤苦伶仃地在垂死邊緣，我就心痛，眼淚止不住流下。感謝上帝讓我們看見祂奇妙的作為。在這本書付梓前，讓我們親身經歷見證了這本書所言：「愛是最短的道路」。除此之外，天上人間，再沒有其他更好的道路或方法，可以超越時空、環境，讓我們的孩子，無時無刻，不被保護在上帝永遠不離不棄、長闊高深的愛裡面！

黃芝婷

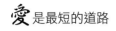

敬畏耶和華的，大有倚靠，
他的兒女，也有避難所。

箴言14:26

芝心婷語

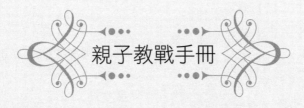

親子教戰手冊

【芝心婷語】

1 我在聽你，用心（32頁）

- 用「心」聽孩子說話。
- 父母有時要忘記自己的年齡，才能成為孩子心中的好朋友。
- 「愛的語言」，能從孩子的心靈空間，及父母的心靈空間之外，建立起溝通的第三個「親密空間」。
- 不打斷、質問、命令、冷嘲熱諷、潑冷水，才能走進孩子內心的城堡。
- 傾聽，是跟孩子交心，不是教訓孩子。
- 再忙都要和孩子聊天，這輩子都要和孩子談心。
- 永遠作個肯用「心」，傾聽上帝話語的父母。

【芝心婷語】

2 祝福是一輩子的事（36頁）

- 用《聖經》的話語教導孩子。
- 告訴孩子：「上帝愛你，祂要你快樂。你是祂獨特的創造，是祂的最愛。」
- 一句話，可以造就一個孩子，也可以毀掉或逼死一個孩子。
- 父母當謹守口舌，只說造就和祝福的話。
- 教導孩子，不想不說：「如果沒有我，如果我死了，如果我消失在世界上！」諸如此類消極、沒有生命的話。
- 祝福孩子，是一輩子的事，祝福孩子，永遠不會太遲。

【芝心婷語】

3 被拒絕的生命（40頁）

- ❤更多認識上帝，孩子才會更多認識自己、肯定自己。
- ❤惟有在上帝的生命裡頭，孩子才能找到自己永恆的地位。
- ❤被「拒絕」是所有仇恨和邪惡的毒根。
- ❤教導孩子，常在上帝的愛裡宣告：「上帝愛我，父母愛我，所有的人都愛我！」
- ❤教導孩子，所有負面被拒絕的聲音，都是撒但的謊言！

【芝心婷語】

4 妮妮的日記（45頁）

❤孩子行竊的動機，無非是因刺激、過癮、叛逆、貧窮、虛榮、想引起父母關注、無聊、妒嫉或仇恨等。

❤把孩子的事，交給上帝，上帝沒有辦不成的事。

❤不要灰心，只要繼續禱告。

❤《聖經》說：「你們禱告，無論求什麼，只要信，就必得著。」

❤教導孩子，上帝赦免了我們一切的罪，使我們成為新造的人。

【芝心婷語】

5 不向謊言讓步（49頁）

- 「說謊」是一切惡行的起頭和根源。
- 照著上帝的話語，教導孩子「說謊」的嚴重性。
- 要改變孩子，先從「改變自己」做起。
- 《聖經》說：「說謊言的嘴，為耶和華所憎惡。」
- 教導孩子，上帝的眼目遍察全地，祂無所不在。

【芝心婷語】

6 不能說的祕密（54頁）

❤「祕密」就是不能讓人知道的事。不管是可誇耀、傷心、好笑、愚昧或丟人的，它都是祕密。
❤每個孩子，都有自己的祕密，都該給予尊重。
❤父母的嘴，除了要為上帝說造就和祝福的話，也要能夠為祂不說話。
❤答應孩子保密，就得守住祕密。

【芝心婷語】

7 上帝的名片（59頁）

❤人的方法或辦法，都是暫時的；惟有上帝，可以徹底改變人的生命。

❤上帝的愛，可以醫治孩子懼怕的心。

❤每個孩子都有他不愛上學的原因，必須針對原因，才能有效解決問題。

❤教導孩子：「要愛他們的仇敵，為那逼迫他們的禱告。」

【芝心婷語】

8 我的祕密武器（64頁）

♥青春期的孩子說話較尖酸刻薄，這是他們說話的方式和形態，好藉此保護自己，未必心口合一。

♥孩子發脾氣時，父母應該暫時「閉嘴」及「退開現場」。

♥「透過耶穌看孩子，以祂的心為心。」能使父母不輕易動怒生氣。

♥禱告，是父母面對暴怒的孩子，最有力的「祕密武器」。

【芝心婷語】

9 溫馨聖誕夜（69頁）

- 批評孩子的朋友，就是批評他們。
- 關心，但不過度干預孩子。
- 為孩子結交益友，持續不斷地禱告。
- 父母應以身作則，活出敬虔的榜樣。
- 孩子需要朋友，是擴張的現象，不是想取代父母，亦不是不再需要父母的愛，或想與父母切斷關係。

【芝心婷語】

10 悸動的青春（74頁）

- 健健康康，有孩子可忙，有家可回，都該感恩！
- 禱告可以紓解父母心中，因孩子而積壓、沉重的鬱悶煩躁。
- 父母應學習看見孩子的「好」處。
- 抱著電話不放，佔用浴室，頂嘴吵鬧，都是孩子青春期的一種悸動。

【芝心婷語】

11 愛能遮掩一切過錯（80頁）

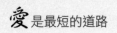

- 當孩子敬畏上帝時，就會明白所犯的過錯。
- 上帝就是愛，在愛裡沒有懼怕。
- 孩子悖逆的裝扮，多半是要激怒、引起父母注意，也是自卑及反抗的反射。
- 孩子會試驗父母，當他變得不可愛時，父母還會愛他嗎？
- 陪孩子一起經歷，失去「自由」的懊悔感覺。
- 完全寬恕，無條件愛孩子，不以他為恥。

【芝心婷語】

12 家規是為了愛（85頁）

- 惟有在上帝的愛和智慧中，才能領悟到應對及勝過孩子叛逆的辦法。
- 孩子其實希望有界線約束管制，這讓他們有安全感。
- 將規矩解釋清楚，孩子就會明白哪些界線不能跨越，哪些規矩必須遵守。
- 家規能培養孩子自律及對家庭的責任感。
- 家規一旦制定，務必嚴格徹底執行。

【芝心婷語】

13 愛是凡事包容（90頁）

- 父母經常愛面子，多過真正愛孩子。
- 命令的總歸就是「愛」，愛才是最大的。
- 青少年，注重胸肌鍛鍊；青少女，想化妝打扮、減肥，都是成長的一個過程。
- 愛是：凡事包容，凡事相信，凡事盼望，凡事忍耐。

【芝心婷語】

14 夢幻追星族（95頁）

❤從孩子的行為、房間及交友狀況，可看出他是否迷戀偶像。

❤教導孩子，「偶像」是一個在生命上，其實和他沒有任何交集的人。

❤教導孩子，不要因迷戀偶像，而影響生活、學業及人際關係。

❤教導孩子，基督耶穌才是我們永遠要學習的榜樣。

【芝心婷語】

15 情竇初開時（100頁）

- 當孩子常對著鏡子傻笑，又開始注意髮型衣著時，可能就是情竇初開時。
- 孩子想談戀愛，多半是受社會資訊、電影、電視愛情劇過度影響。
- 有時，讓年輕孩子安慰年輕孩子，更為妥當。
- 孩子常誤以為，對異性欣賞或有好感就是愛情。
- 教導孩子，當年齡較長、心智各方面都較成熟時，他才會真正知道所愛的是誰。

【芝心婷語】

16 走出遊戲世界（105頁）

- 「電玩成癮」不是突然發生，乃是逐漸形成的。
- 父母必須在孩子最初接觸網絡時，訂下使用電腦清楚的界線和規則。
- 父母應隨時留意察看孩子上何種網站？何時上網？及玩何種遊戲？
- 父母擁有掌管家中電腦的主權。
- 父母若拿捏好管教孩子的關鍵時機，在電腦上裝置監控網絡追蹤器，會有一定的幫助。
- 孩子迷戀電玩，大多是因空虛無聊，若能豐富其生活，轉移其注意力，必能改善。
- 人的盡頭，常是上帝賜福的開端。

【芝心婷語】

17 有一件事我知道（109頁）

- 孩子犯錯時，父母應先省察自己的過犯，祈求上帝赦免。
- 教導孩子，認罪悔改，是他和上帝之間的事。
- 全家若能謙卑俯伏在上帝面前，必能避免爭鬧衝突，度過風波。
- 透過禱告，上帝會指示父母，當如何照著祂的誡命和教導來養育孩子。
- 上帝沒有難成的事。

【芝心婷語】

18 只要我喜歡（114頁）

- ❤教導孩子，犯錯要馬上誠心道歉，必蒙改過自新的機會。
- ❤教導孩子，不是「只要我喜歡，什麼都可以做！」。
- ❤教導孩子，「私闖民宅」是犯法的行為。
- ❤教導孩子，上帝是我們在患難中隨時的幫助！

【芝心婷語】

19 少年心，父母情（119頁）

- 孩子不喜歡父母嘮叨、說教。他們是獨立個體，有自己的生活、隱私和尊嚴。
- 介於半大不小的尷尬期，讓青少年無所適從。
- 孩子因無法表達心中不穩定的情緒，常以叛逆的行為和言語，來宣告他的逐漸成長。
- 不是孩子變了，是他們長大了。
- 青春期，是家庭該重新調整步伐，重新釐定親子關係的時候了。
- 青春期，是孩子脫離兒童角色，進入成人姿態，與父母親近的最後機會了。
- 惟有倚靠上帝，才能使「少年心，父母情」，變成「快樂孩子，輕鬆父母」，一起度過風暴期。

【芝心婷語】

20 離開你，我是誰？（124頁）

（124頁）

♥「夢想」是青少年最早想脫離幼年角色，邁向外面世界隱形的翅膀。

♥青少年希望快長大；又對外面失去父母保護、沒有界線的世界，感到惶恐、失落和不安。

♥青少年在尋找新角色時，常易陷入沮喪、焦慮、生氣，及和父母吵架、衝突中。

♥青少年渴望被愛，痛恨囉嗦；想奮發圖強，卻意志薄弱；害怕孤獨、渴求安全感，卻又想獨立自主，充滿矛盾。

♥青少年需要一個堅固安穩的家，支撐他們在外的探索與嘗試。

【芝心婷語】

21 黃昏的一堂課（129頁）

♥青少年抗拒父母一貫的親密動作，是因生理和身體的驟變和成長。

♥親密接觸，是一種親子間傳達愛和關懷，重要的「肢體」語言。

♥青少年漸長後，會用其他方式，如點頭、微笑、拍掌、說再見等，取代幼年時身體的接觸。

♥母親最大問題是，拒絕接受孩子的轉變和成長。

♥父親的脆弱，來自於從保護者的角色，墜落至日漸衰退，不如孩子的失落心境。

♥父母可以藉著禱告，把一切憂慮卸給上帝。

【芝心婷語】

22 不作完美父母（136頁）

（136頁）

- ❤父親是「一家之主」，要謙卑地作妻子兒女的僕人，服侍他們，必能經歷到與家人更親密的關係。
- ❤孩子都渴望父母能像朋友般，親密地陪他們成長。
- ❤不作「完美父母」、「萬能父母」、「無所不知的父母」及「永遠不會錯的父母」。
- ❤沒有什麼比用「愛」的教育，去和孩子相處更為恰當。
- ❤「活到老，學到老」，才能與孩子有良好的溝通。
- ❤父母應主動向孩子靠近，否則就會與他們「距離」愈來愈遠。

【芝心婷語】

23 孩子的眼睛雪亮（141頁）

- 父母經常針鋒相對，明爭暗諷，會令孩子無所適從。
- 父母切忌在孩子面前批評貶低配偶。
- 父母對孩子的教導、態度、口徑和原則一定要一致。
- 孩子在父母面前抱怨另一方時，父母可以同情他們的感覺，卻不必同意他們的看法和說法。
- 「改變」從自己做起。

【芝心婷語】

24 幸福，只是一道門（146頁）

- ♥孩子會對父母施暴，意味沒有設立清楚家規。
- ♥當界限被超越，規矩被打破時，全家都會失去方寸。
- ♥父母應以身作則成為孩子的好榜樣。
- ♥父母以暴力相對待，孩子就會有樣學樣，以暴力對待父母。
- ♥答應孩子的事，無論如何一定要兑現。
- ♥一旦孩子認定父母是「偽君子」，就很難取得他們的信任和尊重了。

【芝心婷語】

25 七種愛的任務（151頁）

- 「打」孩子，永遠是最後的辦法。
- 孩子年紀愈大，愈不適宜體罰，容易導致反叛及親子關係破裂。
- 切忌在怒氣中或情緒裡打孩子。
- 管教的前題，一定是要在「愛」裡面管教；心平氣和下，才能真正達到管教的目的。
- 管教不是為了懲罰、威脅或給孩子疼痛，而是教導和糾正。
- 管教的目的，是為著孩子「將來」的好處，對父母，對孩子，都不是羞恥的事。
- 父母是家中教師，不宜一個當黑臉，一個當白臉，要堅持一致，一起擔負教導的職責。
- 父母的手，是用來：禱告，餵養，安慰，牽引，鼓勵，扶助，擁抱孩子，不是用來「打」孩子。

【芝心婷語】

26 因為我還有你（156頁）

❤惟有說誠實話，請求原諒，才能打開仇恨的心結。

❤單親家庭的青少年，需要一個好父親形像或成熟男性，作他健康成長的生活規範和楷模。

❤教會是上帝的家，青少年可以從愛主的弟兄身上，看見和經歷到上帝的愛。

❤當青少年心中有愛，認識愛，經歷過愛時，他就能去愛父母及身邊的人。

【芝心婷語】

27 夢起飛的地方（161頁）

- 幫助孩子圓夢，以「愛」為出發點，必能美夢成真。
- 我們與上帝的關係和好時，我們與人的關係就會和好。
- 第二次婚姻，更需依靠上帝，才能建立在堅固的磐石上。
- 夢起飛的地方，如果是以上帝的愛為起點，它的結局也必充滿愛。

【芝心婷語】

28 閱讀憤怒的靈魂（168頁）

- ❤男孩心中潛伏著「憤怒的靈」，一旦遇到超乎他們所能面對、控制或壓抑的環境時，就會爆發出來。
- ❤男孩一旦踏入青春期，來自同儕間的威脅、挑戰和羞辱便無孔不入。
- ❤暴力文化充斥電影、電視、電玩中，向青少年洗腦，吞食他們的心靈。
- ❤男孩暴力背後的動機，多半是防衛性而非攻擊性或掠奪性，乃因受到威脅。
- ❤父母無條件的愛和禱告，能幫助青少年度過憤怒階段。

【芝心婷語】

29 誰說我不配（173頁）

- 青春期「憂鬱症」症狀，包括：睡不好，吃不下，起不來，不能集中精神；持續憂鬱、悲哀、自責、絕望、自殺意念不斷、對事物毫無興趣、否定自身價值等。
- 「心理治療」，是研究醫治「上帝所造的人」心理生病了。真正要倚靠的大醫生是上帝，否則只是治標不治本，將來還會再犯。
- 要不斷迫切為「憂鬱症」的孩子禱告。
- 跑步、運動、騎腳踏車、曬太陽、畫畫、下棋、唱詩歌、讀經、禱告等，都能幫助「憂鬱症」的孩子，慢慢走出户外，接受陽光，走入人群，與人親近互動。

【芝心婷語】

30 愛是最短的道路（178頁）

- ♥青少年喝酒，是因興奮刺激，逃避不想面對的事，及宣告自己的獨立和長大。
- ♥父母應關注禁止，孩子參加抽煙、酗酒、抽大麻、吃搖頭丸，甚至吸毒、淫亂的派對。
- ♥上帝是一切問題的答案，祂是世界的希望。
- ♥撒但用盡辦法要拆毀上帝兒女的家。禱告可以改變一切，看見上帝的作為。
- ♥當孩子誤入歧途，愛是最短的道路，帶他們回家。

【芝心婷語】

31 知「性」之旅（183頁）

- 男孩發育期約在十二至十三歲之間；女孩約在十至十一歲間。
- 青春期，是男孩對「性」充滿好奇的階段。父親若能和兒子作「男人和男人的對話」，可幫助他健康成長，更專心於學業。
- 父母和家庭，是教導「性教育」最好的人選和場所。
- 家庭性教育，應在孩子進入性成熟前即告完成。
- 父母應教導女孩保護自己，教導男孩尊重女孩，不可隨便侵犯對方的身體。
- 父母要常為孩子能過純潔、蒙保守的生活禱告。

【芝心婷語】

32 青春性事（188頁）

- ❤青少年渴望父母能坦誠教導「婚前性行為」的問題，而不是老是命令或說教。
- ❤「婚前性行為」的「結果」，可能會感染性病，造成懷孕或墮胎，而深深影響青少年的未來。
- ❤讓青少年處在沒有機會可發生性行為的環境中，是避免發生性行為最好的方法。
- ❤教導青少年，「性」永遠是大事，當觸及到墮胎時，更是人命關天的事。
- ❤教導青少年，不管時代怎麼改變，貞潔的價值觀仍須捍衛。

【芝心婷語】

33 退一步看孩子（193頁）

- 「退一步看孩子」，能更清楚看見問題，糾正錯誤，使他們向前跨幾步。
- 「袖手旁觀」孩子的失敗，容許他們犯錯，尊重他們的決定，不提供任何協助，讓他們承擔犯錯後的後果。
- 孩子需要學習如何面對挫折，學習跌倒了，再爬起來，坦然接受批評，從失敗中吸取教訓，從失望中看見希望。
- 教導孩子，犯錯並不等於失敗，過去也不能決定未來。

【芝心婷語】

34 把痛藏起來一半（198頁）

- ❤教導孩子正確使用金錢，讓他們明白錢是辛苦賺來的。
- ❤教導孩子，金錢是屬於上帝的，我們只是祂的管家。
- ❤教導孩子，如果在小事上揮霍，上帝必不把大事，及更多錢財託付予我們。
- ❤管教的事，當時不覺得快樂，後來卻必結出平安的果子。
- ❤讓孩子吃點苦是好的，他們需要經歷貧窮和缺乏，才會知足感恩。
- ❤智慧的婦人，會把心中的「痛」藏起來一半，不會攔阻先生管教孩子。

【芝心婷語】

35 我不會永遠愛他（203頁）

- 不怕孩子遇見挫折跌倒，最怕受了傷不肯說出來，憂鬱地留在心裡自傷自殘。
- 孩子的傷痛，能說出來，就有出路；能說出來，就走得過去。
- 止痛療傷的路是很艱難的，父母要用禱告及愛心陪孩子度過。
- 教導孩子，惟有上帝能永遠安慰人。
- 教導孩子，最重要是，要「願意」讓上帝安慰幫助他。

【芝心婷語】

36 使用上帝造人手冊（210頁）

❤教導孩子，不能一視同仁，必須因材施教。依孩子的興趣、長處、短處教導。

❤父母常誤以為孩子讀《聖經》，會影響學業。正好相反，上帝的話就是智慧。

❤教導孩子，學校的學習、功課、報告、考試，都要向上帝求智慧。

❤根據《聖經》，使用「上帝造人手冊」教導孩子，永遠不會錯。

❤教導孩子，在上帝眼中，他是獨一無二的，各有用途和不同，使他有信心。

❤教導孩子，他的人生，是上帝給他打分數，使他對人生負責任。

❤不足或過度讚美，都會造成孩子自我認知的偏差。

❤教導孩子，他與上帝「愛」的關係，是「永不止息」的。

❤當「人」出了問題時，要回到「造人」的上帝面前，惟有祂能解決一切的問題。

【芝心婷語】

37 祂還是說「寬恕你」（215頁）

- 教導孩子，在危急、恐懼及黑暗中，禱告唱詩讚美上帝，必蒙拯救。
- 教導孩子，要勇於道歉、認錯。
- 教導孩子，不管我們有多不好，多讓上帝傷心失望，祂還是說「寬恕你」。
- 惟有上帝能醫治恐懼的心，拆毀那捆綁、轄制人的「恐懼的靈」和「遺傳的咒詛」。
- 教導孩子，彼此寬恕原諒，及彼此相愛。

【芝心婷語】

38 換個父母給我（221頁）

❤教導孩子，上帝與我們的關係是父子，是永不斷絕的；正如同父母與孩子的關係是切不斷的。

❤教導孩子，背父母的十字架，為父母禱告；正如同父母背兒女的十字架，為兒女禱告。沒有人十全十美。

❤教導孩子，順服在父母權柄底下，是上帝所喜悅的。

❤教導孩子，孝敬父母，能使他們得福，在世長壽。

❤教導孩子，上帝的「應許」和「祝福」，只給順服祂話語的人。

【芝心婷語】

39 與上帝合作的人（227頁）

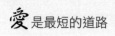

- 家庭是上帝的旨意，不是人的主意。
- 愛上帝，敬畏上帝，是一個家庭被上帝祝福的關鍵。
- 兒女是上帝託付給父母的產業，父母只是「管家」，將來要在上帝面前交帳。。
- 父母要為兒女「分別為聖」，活在上帝面前，有好榜樣。
- 按照上帝創造的次序和原則經營家庭，就不會出問題。
- 設立家庭祭壇，父母是祭司，帶領全家人一起敬拜事奉上帝。
- 信靠上帝，仰望上帝，就能彼此順服。
- 要成為「與上帝合作的人」，最重要是「順服」上帝旨意。

【芝心婷語】

40 成為禱告的父母（232頁）

♥作個禱告的父母，用雙膝為孩子爭戰，作守望者。

♥禱告是與上帝同工，禱告是上帝賜給父母最大的權柄。

♥把孩子交在上帝手中，為他們人生每一個階段禱告。

♥父母要為自己禱告，能成為合上帝心意的父母，及敬虔的榜樣。

♥父母要知道如何按照《聖經》作父母及教養孩子，讓上帝的旨意成就在孩子身上。

♥父母要能順服、敬畏上帝，孩子才能蒙福。

♥永遠不會太早，為孩子尋得合上帝心意的理想伴侶禱告。

智慧書系列 7

愛是最短的道路
Love Is The Shortest Way

著 作 者：黃芝婷（Cecilia Chiam）
總 策 劃：詹斯民
特約編輯：陳惠雅
發 行 人：詹斯民
出版發行：PTL Connections, Inc
Torrance, CA 90502 USA
Tel: 1 828-202-8008 Fax: 1 800-515-3141
Email: info@PTLConnections.com

台　　灣：華宣出版有限公司 CCLM Publishing Group Ltd.
總 代 理 新北市中和區連城路236號3樓
電話：(02)8228-1318 郵政劃撥：19907176 號
傳真：(02)2221-9445 網址：www.cclm.org.tw
香港地區：橄欖（香港）出版有限公司 Olive Publishing (HK) Ltd.
經 銷 商 中國香港荃灣橫窩仔街2-8號 永桂第三工業大廈5樓B座
Tel: (852)2394-2261 Website: www.ccbdhk.com
Fax: (852)2394-2088
新加坡區：益人書樓 Eden Resources Pte Ltd
經 銷 商 29 Playfair Road #02-00 Lin Ho Building, Singapore 367992
Tel: 6343-0151 E-mail: eden@eden-resources.com
Fax: 6343-0137 Website: www.edenresource.com.sg
北美地區：北美基督教圖書批發中心 Chinese Christian Books Wholesale
經 銷 商 16405 Colima Road, Hacienda Heights, CA 91745 USA
Tel: (626)369-3663 Fax: (626)369-3873
Website: www.ccbookstore.com
加拿大區：神的郵差國際文宣批發協會
經 銷 商 Deliverer Is Coming International Publishing
B109-15310 103A Ave. Surrey BC Canada V3R 7A2
Tel: (604)588-0306 Fax: (604)588-0307
澳洲地區：佳音書樓 Good News Book House
經 銷 商 1027,Whitehorse Road,Box Hill, VIC3128, Australia
Tel: (613)9899-3207 Fax: (613)9898-8749
E-mail: goodnewsbooks@gmail.com

封面設計：主意工作室
攝　　影：詹斯民
承 印 者：橄欖印務部
出版時間：2013年 5 月一版 1 刷
年　　份：30 29 28 27 26 25 24 23 22 21 20 19 18 17 16 15 14 13
刷　　次：18 17 16 15 14 13 12 11 10 09 08 07 06 05 04 03 02 01

By Cecilia Chiam　　Printed in Taiwan

Originally published by PTL Connections, Inc
Torrance, CA 90502 USA

Library of Congress Control Number: 2013905907

ISBN 978-0-9891890-0-2（平裝） 定價新台幣280元 US$18 HK$105